应用型本科院校旅游高等教育发展研究

邱伟芳 著

中国财经出版传媒集团

经济科学出版社

Economic Science Press

图书在版编目（CIP）数据

应用型本科院校旅游高等教育发展研究/邱伟芳著
. --北京：经济科学出版社，2023.6
ISBN 978 - 7 - 5218 - 4855 - 7

Ⅰ. ①应… Ⅱ. ①邱… Ⅲ. ①旅游 - 高等教育 - 教学
研究 - 中国 Ⅳ. ①F590

中国国家版本馆 CIP 数据核字（2023）第 110278 号

责任编辑：李晓杰
责任校对：易 超
责任印制：张佳裕

应用型本科院校旅游高等教育发展研究

邱伟芳 著

经济科学出版社出版、发行 新华书店经销

社址：北京市海淀区阜成路甲 28 号 邮编：100142

教材分社电话：010 - 88191645 发行部电话：010 - 88191522

网址：www. esp. com. cn

电子邮箱：lxj8623160@ 163. com

天猫网店：经济科学出版社旗舰店

网址：http: // jjkxcbs. tmall. com

北京密兴印刷有限公司印装

710 × 1000 16 开 10.75 印张 200000 字

2023 年 6 月第 1 版 2023 年 6 月第 1 次印刷

ISBN 978 - 7 - 5218 - 4855 - 7 定价：46.00 元

（图书出现印装问题，本社负责调换。电话：010 - 88191545）

（版权所有 侵权必究 打击盗版 举报热线：010 - 88191661

QQ：2242791300 营销中心电话：010 - 88191537

电子邮箱：dbts@ esp. com. cn）

前　　言

文旅产业作为一项朝阳产业，是由文化和旅游两个产业相互融合发展而来的。而文旅产业的融合发展及其健康状况和发展程度，取决于多方面的因素。在众多因素中，本科院校所开展的行业人才教育教学工作，可谓是重中之重。从人才培养和行业发展的关系来讲，旅游管理类专业教育对于文旅行业的发展，具有人才培养、理论引导、系统完善、行业提升等多方面的特殊意义。从属性上来看，旅游管理类专业教育工作，虽然是从行业的需求出发，但专业教育的本质是教育问题而不是行业问题，换言之，文旅行业的人才培养立足点不仅要着眼文旅，更重在教育。目前我国旅游管理类专业教育在经过40余年的发展之后，已经逐渐形成了自身特有专业体系。但不可否认的是，本科学段以上的旅游管理类专业教育，起步时间较晚，发展时间较短，也受到了院校所在地区经济水平、文化水平、旅游资源和学术积累等多方面因素的限制。只有少数地区的旅游类高等院校和一部分知名高校的旅游管理类专业发展较好，其他院校的旅游管理类专业发展较慢，尤其是在教学质量和学术研究这两个方面，基本低于其他成熟学科专业。

文旅专业高等教育是为适应新时代文旅产业发展对中高级人才培养的需求而建立的全新学科。该学科不仅完全继承了旅游管理类专业和相关学科的大部分内容，同时也涉及计算机技术、经济学、管理学、历史学、地理学、文化学、社会学、心理学、语言学等诸多学科，是一个非常典型的实用性、交叉性学科。

在教育层次上，文旅类专业属于典型的高等教育范畴，所培养的人才不仅直接和文化旅游产业对口，同时也可以服务于相关政府职能部门。现代化文旅企业，对于人才的需求非常迫切，尤其是有较强创新意识、较高职业素养的综合型人才在行业内部更是稀缺。

在教育内容上，旅游管理类专业不仅包含多种学科的专业体系，同时也对各种学科的知识内容进行了融合和应用，因此就需要相关授课教师具备更强的知识融通能力和指导能力。

从培养目标的角度上，旅游管理类专业教育是为文旅企事业单位直接培养各级人才的主要阵地，相关人才包括各级各类服务人才和管理人才。而本科院校则需要以培养应用管理型人才为主，培养创新创业型和复合型研究人才为辅。

上述这些特点，直接决定了旅游管理类专业的高等教育需要有别于旅游类专业的中等教育以及职业教育和非学历教育。即便是应用型本科院校，也需要兼顾教师团队组建、学术研究和社会服务等多方面的工作。因此本书的主要对象是本科教育学段的旅游高等教育，不包括其他学段的旅游教育。旅游管理类高等教育，尤其是知名院校的旅游教育，需要培养对文旅产业有宏观认识的高级管理应用型人才，培养能够对行业微观范围内的各个岗位进行深入挖掘和剖析的学术研究型人才。同时，它还肩负着扩大学科影响力以及实践交叉学科知识应用的重要工作。从某种角度来讲，旅游高等教育需要具备运用理论知识对文旅活动进行深层次现象分析、判断、演绎和传播的能力。也正因如此，本科院校旅游高等教育，旅游管理类专业的人才培养，决定了其重要使命是其他学段教育难以完成的。

邱伟芳

2023 年 3 月 30 日

目 录
Contents

>   >   >   >   > .   >

第一章　应用型本科院校高等教育简述 ……………………………………… 1

第一节　应用型本科院校高等教育基础理论 ………………………… 2

第二节　应用型本科院校高等教育创新理念 ………………………… 4

第二章　应用型本科院校的产生与发展 …………………………………… 6

第一节　应用型本科院校的基本内涵 ………………………………… 7

第二节　应用型本科院校的发展历程 ………………………………… 14

第三节　应用型本科院校的办学特点 ………………………………… 20

第四节　应用型本科院校的发展路径 ………………………………… 28

第三章　我国旅游高等教育的现状及其问题 ……………………………… 35

第一节　我国旅游高等教育的现状 …………………………………… 35

第二节　我国旅游高等教育存在的问题 ……………………………… 45

第四章　世界旅游高等教育的现状及经验启示 …………………………… 58

第一节　世界旅游高等教育演变史 …………………………………… 58

第二节　世界旅游高等教育现状 ……………………………………… 65

第三节　世界旅游高等教育经验与启示 ……………………………… 69

第五章 中英旅游高等教育的对比分析 ················· 72

  第一节 教育目标 ···················· 72

  第二节 课程设置与教学方法 ················ 75

  第三节 师资队伍与实践教学 ················ 79

  第四节 英国旅游高等教育对我国的启示和建议 ······· 81

第六章 我国旅游高等教育和文化旅游产业的融合发展 ····· 84

  第一节 产业融合的概念和主要方式 ············ 84

  第二节 文旅融合背景下高校人才培养面临的挑战 ······ 90

  第三节 文化和旅游行业人才培养的理念转变 ········ 93

  第四节 文化和旅游行业人才培养的重点方向 ········ 97

  第五节 文化和旅游行业人才培养的相关问题 ········ 101

第七章 我国旅游高等教育课程体系改革 ·········· 106

  第一节 文旅融合背景下旅游高等教育课程体系存在的问题 ········ 106

  第二节 高校教育和文旅产业融合发展的课程构建对策建议 ···· 111

  第三节 文旅高等教育课程内容改革的策略 ········· 115

  第四节 智慧文旅教学体系的有机结合 ············ 120

第八章 我国应用型本科院校旅游高等教育优化路径 ······ 123

  第一节 构建符合专业发展的教学设计 ············ 124

  第二节 学科专业发展与人才培养优化 ············ 131

  第三节 旅游管理类专业教师队伍的建设 ··········· 138

  第四节 旅游管理类专业课程设置的完善 ··········· 141

  第五节 完善多元协同育人体系 ············· 146

  第六节 文旅融合背景下高校图书馆文旅建设 ········ 151

参考文献 ························· 161

第一章

应用型本科院校高等教育简述

随着职业教育和技能人才培养的重要性日益凸显,应用型本科院校的地位和作用越来越受到人们的关注。尤其是在中国,应用型本科院校几乎遍布全国各地,并且逐步成为地方经济和社会发展的重要组成部分。然而,应用型本科院校的概念并不是一成不变的。在不同的时代和不同的地方,应用型本科院校的内涵和外延都存在很大的差异。因此,需要对应用型本科院校的概念进行深入探讨和界定。

首先,应用型本科院校与地方普通本科院校之间的关系并不是一种优劣的关系。换句话说,地方普通本科院校转型为应用型本科院校,并不代表它的层次和水平会下降。相反,应用型本科院校是一种具有不同类型和层次的高等教育形式,它注重实践和应用,致力于培养一流的应用型、专门性人才。

其次,应用型本科院校的层次是不同于传统的研究型大学和高职(专科)院校的。联合国教科文组织的《国际教育标准分类》将高等教育分为两个等级:第5级的大专、本科和研究生教育,第6级的博士研究生教育。而第5级进一步分为5A和5B两种类型,其中5A又分为$5A_1$和$5A_2$两种类型。应用型本科教育属于$5A_2$应用性教育阶段,是培养应用型、专门性人才的重要阶段。

最后,应用型本科院校是一所以教学为主的高等学府。它的专业和课程设置强调应用和实践,注重为地方经济和社会服务,为产业输送高水平的应用型创新人才。面对快速变化的市场需求和技术发展,应用型本科院校需要根据地方经济和社会发展的需求及时调整人才供给结构,注重专业建设,提高与市场需求的匹配程度。

总之,应用型本科院校是适应高等教育大众化进程的产物,是地方经济和社会发展的必需品。应用型本科院校的发展离不开教育改革和创新、产学研合

1

作以及培养高素质应用型人才。在未来，应用型本科院校将持续发展，为我国的经济建设和社会发展作出更大的贡献。

第一节　应用型本科院校高等教育基础理论

应用型本科教育的哲学基础是英才多元。众所周知，高等教育最核心、最重要的技能就是为各行业培养人才。高等教育工作者总是在特定的高等教育目的的支配下，去设置相应的高等学校和专业编制相应的课程和教材，选择相应的教育方法和形式，甚至在某一种程度上去建立高等教育制度和体制。也正因如此，高等教育对象的变化情况是高等教育活动的依据和出发点，同样也是构成高等教育机构发展变化的主要理论根基。

纵观高等教育的发展历史，在 20 世纪之前，世界范围内的几乎全部高校都在极力打造精英教育的模式。甚至可以说高等教育只是极少部分人所拥有的一种特权。现在学院和大学成为复杂的现代生活中的一个极其重要的组成部分，之前他们的对象在很大程度上只限于少数学术精英。这种特征几乎从中世纪开始就逐步形成，这一阶段的人才培养方式，也呈现出了非常典型的学术化。这种学术化的人才培养模式，目的就是要塑造更多具备全面素养的学者以及科学家。一直到 19 世纪中期，随着社会经济活动的进一步发展以及教育民主化运动的开展，高等教育逐步成为所有人的高等教育，受教育者的成分逐渐从精英阶层开始分散。而教育需求，也随着工业革命的进程而呈现出多元化的发展态势。现在越来越多来自不同社会背景的成人，在寻求其职业所必需的教育和技能，这种对成人教育的需求，可能很快就会超过对传统本科教育的需求。这种需求的典型特征就在于不以学术性为主，反而追求实用和技能。虽然在很大程度上，这种教育模式和传统的精英教育理念相悖，甚至很多受教育者不那么关心真理之类的大问题。但是随着接受高等教育的人数激增，受教育目标，也产生了更加多元化的发展需求。也正是这种教育形态的变化，才使得应用型教育有机会和学术型研究并驾齐驱，成为现代化社会发展不可或缺的重要组成部分。

应用型本科教育的认知理论基础，是将原本高深的知识进行实用化的处理。一切关于学术的高深知识，都可以当作高等教育活动的重要起点，同时也体现了高等教育的特有属性和重要内涵。虽然高深的知识在不同的时代背景和社会背景下有着不同的特征，但综合观察世界范围内所有高等教育主体的发展历程，高深知识在大学的发展过程中，体现出了逐步实用化转变的倾向。这种倾向也在客观维度上不断推动高等教育的分级和分层发展，并且也为社会的各个行业和不同阶层分别培养了大量人才。按照学者布鲁贝克的理解，所谓高深的知识往往可以从性质出发，将其分为认知论和政治论两个大的分类。而将这分类和高等教育的发展历程相结合，就可以得出：20世纪之前的高等教育都可以划分为精英教育，而在精英教育阶段，认知论范围内的高深知识在整个学术界和教育界都占据着统治地位。学术人才的研究性和非功利性，导致能够接受高等教育的人通常都是较为有空闲来进行精神探索的少数人。直到进入工业化社会，在西方经济发达国家逐步发展且成熟之后，人们才发现了高等教育的实用性，知识对于世界的现代化进程能够起到的巨大助力。也正是基于这种改变，有大量来自政府和社会民间的，对于高深知识的需求，才使得实用性专业知识，逐步在高等教育体系中兴起，进而在大学引起快速扩张。而这种民主大众的教育理念，随着现代化社会的发展逐渐取代了一部分精英教育。因此从结果论，现代化高等教育的大规模扩张，实际上是伴随着实用性高深知识的崛起的。这种崛起绝不仅仅是由外在的政治因素和经济因素决定的，而是由时代的发展和社会的进步所激发的。

应用型本科教育的制度基础，是高等教育的大众化和市场化。从某种角度来讲，高等教育的大众化和高等教育的市场化，两者之间联系极为紧密。应用型本科教育，同样是高等教育的全新类型。并且也可以理解为是市场化推动，最终形成的结果。根据学者克拉克的观点，现代化的高等教育，其发展主要受到学术权威、政府和市场环境三个维度的因素综合影响。最初的高等教育，主要受到宗教和以大学教授为代表的学术团体所影响。这种影响在很大程度上，受到政治和宗教两个主要因素干扰。直到中世纪，大学诞生之后，受到西方国家经典大学理念的影响，现代化的大学逐步从少数群体走向民众，逐步从社会边缘走向社会中心。这种转变也使得国家和政府参与到了高等教育事业的发展当中，甚至高等教育一度被视为国家的事务。一直到20世纪80年代，随着欧美发达国家逐渐进入高等教育大众化的阶段。高等教育的规模扩大与政府财政支持能力的相对削弱，也形成了较为尖锐的对立，以至于很多国家的政府都难以承担高等教育的高额费用。与此同时，在国家经费支持下的公立大学，也暴露出了很多问题，比如办学效益低下，缺少市场活力以及竞争机制等。至此，很多国家逐步开展了高等教育市场化的运作方式，将现代化的市场机制和高等教育体系进行融合，让高等教育事业的运营和发展能够呈现出一定的市场化特征。最为显著的特征是高等教育主体之间，形成了一系列良性竞争。受教育者可以拥有一部分选择高校的权利，尤其是很多专业及其学费，在市场化的影响下呈现出了良性波动。这种变革排除了绝对的传统公有化和绝对的私有化，在一定程度上改变了传统高等教育自身的属性。其中，最核心的改变在于传统教育的发展理念，逐渐从政府主导模式的非营利机构转变为面向市场和社会，需要重视经济效益的学术团体。另外，在学术资本主义的影响下，学术劳动日益走向市场，大学把创造出来的尖端知识当作原材料和商品，并且这种商品能够在经济活动中进行销售和转换。随着大学越来越市场化，也有越来越多的学术成果能够转变为专业服务，甚至可以开始追求经济利益。

第二节　应用型本科院校高等教育创新理念

理念是高校组织教育教学活动的精神依靠，也是对应该办一所怎样的高等学校，为什么要办这样的学校，如何办好这样的高校等一系列问题的基本认识。简单来讲，高校的核心办学理念是办学的目的观、内容观和方法论这三者的有机结合办学理念，只有明确并坚定，才能为后续的教育教学工作奠定坚实的精神基础。而一所高校的办学理念，是否清晰，是否坚实，往往与高校的主要领导个人风格存在密切关系。这并不意味着高校主要领导的个人观念和主张，就可以成为高校的核心办学理念。反之，也不能一味否定个人观念对高校办学理念的重要影响。事实上，纵观我国整个教育史都不难发现，有很多具备远见卓识的高校领导人以其个人的敏锐感知，以及对未来的判断能力，对高校的办学理念形成了重要影响，同时也影响了一代又一代的高校学子。

应用型本科院校最基础的教育理念就是其目的观，为什么要办一所应用型高校？要清晰地回答这个问题，其实并不容易，会涉及各方面的因素。实际上每一所应用型本科院校的创办，或多或少都有其直接原因和间接目的。应用型本科院校在我国的数量庞大，涉及的行业也非常复杂多样。就教育层次而言，包括了短期证书型教育，学士、硕士、博士等学位教育。而从教育类别上来讲，包含了培养各类开发和制造工程师的高校，包括培养生产和设备操控以及维修保养技术人员的高校。总的来讲，应用型高校的办学目的，有别于其他类型的高校。

　　应用型本科院校办学的内容规则涉及要办一所怎样的高校。这一问题的底层逻辑为，在不同的时代背景和社会背景下，高校领导应当如何将应用型高校的办学目的付诸行动。应用型本科院校的根本在于教学内容通常较为鲜明，教学目的也和开设的相关专业有密切联系。从这一角度来讲，应用型高校办学内容的认识，同样可以当作大学理念的核心。总结应用型本科院校开设的不同专业，在办学内容上可以发现一定程度上的共性。这种共性是由应用型本科院校开设的专业所决定的，是他们作为同类事物存在的根源。但反之，每一所应用型本科院校，其办学内容又和自身的特性有关，往往存在鲜明的个性化特征。就说应用型，高校的发展和催生是由不同时代背景和不同行业体系共同组成的，绝非简单的复制和翻版。

　　应用型本科院校办学的方法观主要概述了应当如何办好一所应用型本科校。这不仅是高校办学理念的问题，同时也是高校办学策略的问题。这里所提到的理念，不仅仅是指办学的方法论，同时也涵盖着应用型高校办学的总体思路。也正是在相关思路的指引下，每一所应用型高校才都形成了自身独有的体制框架和教学设计模式。应用型高校的办学工作，或者说教育教学工作绝对不只是学校内部事务，同时也和政府的相关政策以及各行业的实际发展情况有联系。

第 二 章

应用型本科院校的产生与发展

目前，世界上许多国家的高等教育都在经历着由精英教育向大众化教育发展的过程，这是高等教育大众化运动的必然结果。在这个过程中，一批具有一定基础和条件的普通本科院校，从办学理念到人才培养模式发生了重大转变——向应用型、研究型本科院校转型。英国是较早进行这一转型活动和较早探索这一转型路径的国家。作为欧洲高等教育改革与发展领域颇具影响力的专家之一，曼彻斯特大学商学院教授、英国教育与培训理事会主席约瑟夫·利布克森于 20 世纪 80 年代初即提出了"应用型大学"一词，并认为这是高等教育发展到一定阶段而出现的一个重要特征。

在英国，许多著名高校均已成为"应用型大学"并开始招收本科学生。在我国，早在 20 世纪 80 年代初，为适应国家经济建设和社会发展对人才数量、质量、结构不尽合理以及教育教学方法落后的需要，教育部于 1985 年提出要把本科教育培养目标定位于培养具有一定理论基础、较高科学文化素质和一定实践能力、具有创新精神和创新能力的应用型高级专门人才及其他方面复合型高级专门人才。1990 年中国高等教育学会正式成立后，教育部将其作为全国高等教育改革与发展研究项目。2001 年以后，全国高等学校开始了大规模转制工作，许多高等院校也先后更名为应用型本科高校或特色型高等学校。在这一过程中形成的一批应用型大学已成为我国高水平大学中不可缺少的重要组成部分，并在社会上产生了一定影响。世界发达国家高等教育进入大众化阶段后，不断探索与调整自身办学模式与定位，很多发展中国家也加快推进高等教育大众化进程，在我国高等教育大众化运动中也有许多院校进行了探索，并取得了一定成效。

第一节 应用型本科院校的基本内涵

应用型本科院校是在"双一流"建设背景下提出的新概念、内涵与外延不断丰富和拓展。"应用型"是基于中国高等教育发展模式下对未来高等教育模式的新定位，但它也不完全等同于我国对世界高等教育模式的探索。应用型本科院校作为一种新型办学组织，不仅可以在国内发展，而且可以在国外发展；不仅要满足国内社会需求，还要满足国际社会的需求，其存在既具有鲜明的中国特色，又体现出鲜明的开放和包容度。应用型本科院校的内涵在不同类型本科院校之间存在着一定的差异。从应用型本科院校的学科专业发展来看，不同学科专业类型的学校，其人才培养体系、人才培养模式与人才培养目标之间也存在着一定的差异。应用型高校以就业为导向，强调应用、实践与创新，但并不是单纯的培养应用型人才。中国高等教育经过了几十年的改革与发展后，目前已经进入了一个转型发展的时期。在这一新的历史时期里，对高等教育进行改革和发展，就是要适应社会经济发展和社会生产力水平提升的需要。

一、应用型本科院校概念界定

应用型本科院校是指以应用技术人才培养为主要任务，以专业知识学习和实践为主要内容，以社会需求为导向的新型本科院校。首先，应用型高校的含义应该是相对于"学术型"高校而言的。因为学术型高校也有"知识传授和技能训练"等与应用性有关的教学内容，其本质上依然属于学术性质。其次，在此基础上，再来看应用型本科院校与一般意义上的学校有何不同之处。所谓应用，就是要以应用为主、实践为辅，而高校培养出来的人才也是以实践为主、学习为辅。最后，从应用型本科院校人才培养模式来看，它不是像学术型高校那样单纯地以学习理论知识或者理论教学为主，而是强调应用知识和技能来解决实际问题，也不像一般本科院校那样，将课程内容与就业市场直接对接。所以从应用型本科院校培养应用型人才这一方面来看，其与一般意义上的研究型大学在内涵上是有区别的。

（一）应用型本科院校为适应社会需求而创办

在中国，高等教育经历了一个漫长的发展过程。新中国成立初期，为了满足国内人才需求，高等学校开始创办，但当时教育资源不足，导致培养出来的人才与社会需求脱节，改革开放后，经济发展对高等教育的需求日益强烈。在这种时代背景的社会需求下，政府创办高等学校的力度与数量都在攀升。在高校数量不断增加的同时，我国高等教育的规模也随之扩大。从办学条件来看，新中国成立初期我国高校主要以苏联模式为主，办学质量也不高，而改革开放后随着经济社会发展和教育水平提高，我国高校开始走上独立自主、教育持续深化改革的道路。1978～2012 年，我国高等院校教育规模已经攀升到世界第一，"十三五"期间，我国已建成世界规模最大的高等教育体系。随着我国经济社会发展和教育水平提高、高等教育大众化进程加快等因素的影响，近年来我国高校规模已经进入世界前列，同时，我国高等教育整体水平进入世界第一方阵。

（二）应用型本科院校为重视专业技能而培养

应用型本科院校的人才培养模式不同于一般意义上的学术型大学。首先，应用型本科院校不是单纯地强调理论知识和理论教学，而是注重通过专业技能教育、应用教育等途径，使学生获得扎实的专业理论知识的同时提高学生的专业操作能力和应用能力。其次，应用型本科院校不是单纯地学习大学本科的课程，而是重视实践动手能力、创新精神和实践应用能力培养。再次，应用型本科院校在课程设置上拥有自己的特色，在专业办学上会根据社会发展需求和学生特点来调整自己的教学模式，这是一般意义上的本科院校和研究型大学有所区别之处。最后，在应用型本科院校里面我们会发现，学生并不是仅满足于"理论知识和理论教学"的学习方式，还会通过"实践锻炼"来提高自己的实际操作能力、创新精神和合作精神等。这就说明应用型本科院校更注重学生在应用中提高专业技能，强调"理论学习与实践锻炼"一体化、"学科专业与生产劳动相结合"，可以说，应用型本科院校更注重对"专业技能"的培养。

（三）应用型本科院校以应用为主、实践为辅实施教学

对于应用型本科院校而言，如果仅把应用型作为人才培养模式的主要内容来看，也不符合应用型高等教育的内涵和特点，因为只有通过专业知识学习和

实践技能训练，才能真正提升学生的实践能力和创新能力。因此，应用型本科院校培养出来的学生，其学习内容应该以专业知识为主、实践为辅；从应用型高校人才培养模式来看，并不是一味地强调理论知识学习和实践技能训练，而是注重对学生解决实际问题能力的培养，要把学校办成一个以应用为导向、以应用为特色、以应用为主的高校。与学术型高校相比，应用型本科院校人才培养模式还要更加注重对学生分析问题、解决问题能力的提升。

目前来看，我国大部分应用型本科院校还是以应用学科为主要课程设置方向，在我国大部分情况下是学术型高校与实用型高等教育并行的关系，从以上分析可以看出，应用型本科院校是以应用为主、实践为辅的综合性高校。在我国教育体系中不少大学开设了很多以应用性为主要内容的课程来培养人才。本书的应用型本科院校应用型人才培养目标是指"能够培养具有扎实理论基础、实践能力和创新精神，具备发现和解决实际问题的能力、良好的职业道德，并且能适应地方经济社会发展需要"的应用型教育类型。

二、学科专业建设

应用型本科院校的学科专业建设要以社会需求为导向，以提高人才培养质量为根本出发点。在具体规划中，学校应根据学校所处的区域、经济发展情况，科学合理地进行学科专业布局。在人才培养体系中，高校要从应用型人才培养的需要出发，按照社会经济发展状况来规划和设置相应的学科专业，构建符合经济社会发展需求的学科课程体系。从长远发展角度出发，要对学校现有学科专业进行科学合理的调整和规划，并将新的学科专业建设与老学科专业进行整合。在学科课程体系方面，要突出应用性、实践性、创新性和时代性。同时，根据区域经济社会发展现状和社会需求来设置与之相适应的学科课程体系，培养学生的实践能力以及创新意识。

三、人才培养目标

在我国高等教育发展的历史上，应用型本科院校的人才培养目标与其他类型高校存在着一定的差异，但并不是说所有应用型本科院校都能与其学科专业相对应。从学科专业发展来看，应用型本科院校以应用为导向，注重培养应用人才，其专业设置也主要服务于实践；从培养模式来看，应用型本科院校人才培养体系以"订单式"方式设置专业，学生毕业后直接就业。应用型本科学校在课程设置上与普通高校存在着一定的差异，在课程设置上注重理论知识学习、技能操作训练以及综合素质的培养，注重实践教学环节；从培养目标来看，应用型本科院校注重学生动手能力的培养；从人才培养模式上来看，应用型本科学校以就业为导向，强调学生的实践能力。

然而不能否认的是，有些应用型高校没有很好地与实际相结合，有些高校虽然与实际联系密切，但存在着理论与实践脱节现象，目前我国很多应用型人才毕业后都需要通过不断的学习才能适应实际工作。因此，从整体来看，国内部分应用型本科院校在人才培养目标上存在着一定的偏差，当然也有一些应用型本科院校并没有完全偏离人才目标定位，而是结合自身特色办学、发展与定位进行调整，部分学校是由于没有准确定位，才造成人才培养方向出现偏差而出现了一些问题。但从整体来看，应用型高校人才培养目标并没有出现偏差现象，并且一直处于良性调整状态。为此，对于如何实现人才培养目标、提高人才培养质量等问题，需要引起我们足够的重视。

（一）人才培养目标的体现

"应用型"的培养目标，是指以职业为导向，以能力为核心，面向行业、面向企业、面向社会服务和面向创新创业教育这四个方面。从学科专业发展来看，应用型本科院校主要是培养服务于区域经济发展的应用型人才，所以人才培养目标的选择也要根据地区与学校实际情况制定。从人才培养模式来看，应用型本科院校一般以"订单式"进行人才培养工作，学生毕业后直接就业。从学生综合素质来看，应用型本科院校要为社会输送综合能力强、全面发展的"通才"型、"专才"型人才。从学校发展定位来看，应用型本科院校主要面向区域经济建设和社会发展这两个方面提供服务与支撑，以服务为宗旨，注重与区域经济和社会发展相结合。作为应用型本科院校中具有一定特色优势的一类院校，主要是面向区域经济发展提供优质的人才资源。随着应用型本科院校办学定位与特色不断突出以及社会对应用型人才需求不断扩大，在教育结构不够合理、教学资源有待优化与提高的背景下，应用型本科院校在人才培养目标方面也需要不断地进行调整和完善。

（二）课程体系及教学内容的建设

当前我国高等教育已经进入了普及化教育阶段，因此高校培养的人才将会面临更多的竞争。面对这种情况，应用型本科院校必须改变以往重理论轻实践的传统，加强教学内容以及课程体系的建设，并将这些课程体系中的新理念、新方法应用到实践教学当中去。

首先，通过专业建设、科学研究、社会服务等途径，加大对应用型人才培养领域的投入力度，为应用型人才培养提供强有力的保障。其次，通过优化教学内容体系，加强实践教学环节以及创新创业教育等方式来提高学生的实践能力。再次，通过"走出去""请进来"的方式，加强与其他应用型高校之间教育资源互动与交流。最后，重视学科专业设置与地方经济、产业结构以及区域发展相结合。

（三）"双师型"教师队伍的培养

应用型本科院校的"双师型"教师队伍建设要注重以下几点：（1）加强"双师"意识；（2）加强专业技术人员和管理人员队伍的建设；（3）提高师资队伍的综合素质。应用型本科院校要想培养出符合市场需求和社会需要的优秀人才，就必须提升教师的综合素质、创新能力和职业素养，从而实现应用型本科院校教学质量的提高；要想实现学生"用得上""学得好"的培养目标，就要加强对专业技术人员和管理人员队伍培养，提高教师队伍能力，建设一支与社会需求相适应且高素质的教师队伍，就必须培养一批"双师型"教师队伍，从而实现教学质量与管理水平提升，培养一支高素质、高水平、双师型、双学历的教师队伍。随着我国高等教育事业不断发展和深化改革，应用型本科学校必须结合自身定位发展，以人才培养为核心，加强与社会需求对接和接轨，建立完善的教学管理制度，以"双师型"意识培养为目标，加强对专兼职教师队伍培养选拔和考核评价工作。

1. 师资队伍的素质教育

首先，教师队伍整体结构要合理。应用型高校教师一般具有较强专业背景，具有较高专业理论水平、教学能力和实践经验。同时，对学生培养的课程体系也要求进行专业调整和设置。一是专任教师比例要合理：从专业结构来看，应用型本科院校专任教师人数一般为在校生总数的 25% ~ 30%；二是专任教师中"双师型"的师资比例要达到 50% 以上；三是教师队伍年龄、职称性别和学科结构都要合理。其次，引进和培养并重，引进是手段，培养是目的。一方面，通过引进，可以提高教学水平；另一方面，通过加强培训，可以增强学生的实践能力、通过在职进修和企业培训不断地提高教师专业水平和实践能力。最后，加强师德建设，在高校开展师德师风教育活动中，应明确规定"德"与"才"为教师考核评价的主要指标之一。

2. 师资队伍建设与管理机制建设

（1）建立长效的激励机制。由于应用型本科院校办学定位不同、办学层次不同、经费来源不同，在经费方面难以形成稳定的投入保障机制、考核机制和激励机制。

（2）明确师资管理体制。建立以学校为主、学院为辅，人员聘用和任用为主、岗位培训和进修为辅的师资管理体制；建立以学院为主的师资队伍管理体制；实行院系（部系）负责人聘任制；进行以教学为主的人事制度改革；实行以学术委员会为主体的用人机制等。

（3）完善考核评价标准。制定完善相应的人才评价办法，从专业能力水平、实践能力出发考核教师队伍建设水平。

（4）完善人才激励机制。在专业建设过程中应注重培养教师职业幸福感或成就感与学生满意度相结合；制定有利于调动教师积极性并发挥其创造性作用的考核评价标准等。

3. 重视师德师风教育

一是通过建立师德档案、建立学习制度等方法对全体教职工进行师德师风教育。二是组织教职工学习《中华人民共和国教育法》《中华人民共和国教师法》等教育政策与法规，加强教职工法治教育和法治宣传工作，使每位教职工做到依法治教。三是开展优秀教师评选活动和评选年度教学名师、教学新秀、优秀教研组长、优秀班主任以及先进工作者等活动，使教职工积极投身于教学创新工作当中。四是开展教学能手或教学标兵评选、集体备课活动。五是开展各类教师业务培训活动，开展新教材研讨培训活动，如课程改革专题讲座、新教材专题讲座等，同时开展师资能力提升培训及"双师型"职业技能大赛。

四、课程体系与教学模式

课程体系是教育教学的基本组织结构，它规定着一定时期内各阶段的教育内容，是学校实施教学活动、保证教育目标实现的主要途径。课程体系和教学模式在一定程度上决定着一个学校培养的人才是否能够适应社会发展、经济进步以及生产发展。

　　根据专业分类，应用型本科院校学生的课程设置与其他类型本科院校相比差异较大，其核心素养和综合素质培养更多地体现在应用性方面。这也是不同类型本科院校教学模式差异明显的重要原因之一，应用型高校要求以应用为导向，要以应用为核心。应用型本科院校在人才培养过程中始终坚持应用为本、能力为重的办学理念，通过提高课程设置和教学内容，使学生在获得知识和技能的同时还能够获得一种能力。

　　不同类型高校课程设置主要存在以下三个方面问题：一是人才培养方案与社会发展未紧密联系起来；二是理论教学与实践教学之间存在矛盾；三是专业技能课程与社会需求之间存在矛盾。应用型高校学生所掌握的专业知识往往与实践、应用相关，因而更加注重理论知识、实践经验和创新能力等方面的培养。不同类型高校之间也存在着一些差异，如经济管理类院校以培养高素质复合型人才为主；理工类院校则更加注重实用性和应用性。

　　在教学模式方面，应用型高校学生更注重对知识技能培养和创新能力培养，要想培养出具有专业知识的技术能力人才，就必须使学生能够在学习过程中真正做到学以致用、学用结合。从不同类型本科院校专业设置来看，不同学科间对于理论部分和实践部分之间联系比较紧密，以"应用型"为主导理念制定课程体系的时候就必须以就业为导向。应用型人才要想适应企业对人才的需求，首先就必须要有相关技能方面的素养并在实践中掌握运用这些技能，这种情况下就要求学校加强相关课程和实践内容建设，注重理论与实践教学衔接，将应用型人才培养定位于服务地方经济、科技发展需求上来，各学校应该根据自身特点来制定相应的课程体系和教学模式，同时也需要根据具体情况来制定出具有各自特色和优势的课程及教学模式。

　　从上文中阐述的应用型本科院校的基本内涵可以看出，应用型本科院校建设必须坚持以学生为中心，在学科、专业和课程三个层面构建新的结构，在"双师型"师资队伍建设等方面取得突破，必须遵循人才培养规律。应用型本科院校要在激烈的竞争中实现持续健康发展，就必须在"以就业为导向"的人才培养模式下，充分认识到教师队伍建设的重要性。只有通过不断改革创新教学方法，丰富教学手段，才能提高老师们的实践能力和综合素质。同时，还要不断更新教师知识体系，拓宽专业知识面。应用型本科院校要想在竞争中立于不败之地，就要走内涵发展道路。要坚持正确的办学方向、坚持应用型人才培养的目标、坚持培养具有创新意识和能力的人才。

第二节　应用型本科院校的发展历程

在我国高等教育中，应用型人才培养是高校发展的重要目标。应用型本科院校主要以社会经济、科技发展为办学定位，以职业需求为导向，培养社会所需的应用型人才，在学科专业建设、师资队伍培养、课程体系设计、实践教学方式等方面与普通本科院校存在较大差异。因此，应用型本科院校建设的具体目标是通过实施应用型人才培养模式改革，不断提高教学质量，努力建成一批高水平、特色鲜明的示范性应用型本科院校。本文以教育部印发的《关于推进新时代高等职业教育创新发展的若干意见》为指导，结合我国高等教育结构转型的趋势与实践经验，系统梳理了应用型本科院校的办学历史与发展历程。

一、历史溯源

应用型本科院校的设立源于高等教育结构转型的需求。改革开放初期，中国高等教育开始从精英教育向大众化、普及化方向发展，普通高校由"大众化"转向"普及化"。从全国范围来看，我国高校开始了专业结构调整的进程。

1978 年以后，为了满足经济社会发展对人才的需求，高等院校开始大规模增设专业。1984 年 12 月 25 日，教育部发布《关于加强高等学校工科教学工作的若干意见》，规定高等工科学校可设置与生产、建设相结合的本科专业。1991 年 8 月 21 日，中共中央、国务院发布了《关于教育体制改革的决定》，文件明确指出："高等工科学校应当逐步减少招生数量和培养质量要求相对低、实践能力要求相对低但培养人才质量要求相对高、具有综合知识和技术能力的应用型人才。"1992 年 6 月 2 日，教育部在《关于高校增设本科专业工作的意见》中指出："高等工科学校应逐步减少招生数量和培养质量要求相对低、实践能力要求相对低但培养人才质量要求更高的专业，逐步减少招生数量和培养质量要求偏低、实践能力要求中等的专业。"从 1994 年开始，我国高等工科学校逐渐减少招生数量和培养质量要求偏低、实践能力中等的专业，到 2000 年为止，各高校又逐渐恢复或增加了招生数量。

2002 年 11 月 14 日，国务院颁布的《普通高等学校设置暂行条例》明确规定："地方人民政府应当根据国家建设发展需要设立高等学校。"2007年3月19日发布并实施的《普通高等学校设置暂行条例》中规定："高等职业学校和普通中学、中等师范学校以及其他学校招收高级职业学校毕业学生可以不受国家政策限制。"2015年2月20日，教育部发布的《普通高校设置标准（试行）》规定："高等学校应按照国家关于经济社会发展对高级应用型人才的需求设置学科专业和调整专业结构。"2017年2月27日，教育部办公厅发布的《关于进一步加强应用型本科高校建设工作的通知》规定："各地要把高等职业学校与应用型高校对接作为高水平特色大学建设的重要内容。"2018年7月30日，国务院印发的《国家职业教育改革实施方案》确定："到2022年，建设100所左右高水平应用技术大学和一批职业技术大学。"至此，我国应用型本科院校进入全面发展阶段。2020年7月1日起施行的《中华人民共和国高等教育法》第三十五条规定："国家实行分类指导、分类评价，推动高等学校内涵式发展。"

二、发展背景

2000年，教育部、财政部等四部委联合印发《关于加快发展高职高专教育的意见》，明确提出要改革高职高专教育模式和培养制度，走校企合作、产教结合的办学路子，建设一批高职高专院校和专业群，加快推进职业教育发展。2007年初以来，教育部启动了全国示范性高等职业学校建设计划（即"863计划"）、示范性区域高等教育振兴计划（即"985工程"高校发展计划），重点支持在办学定位、办学体制等方面取得重大突破的学校建设；鼓励企业等社会力量参与建设，以校企合作培养人才为主要方式；加快推进现代大学制度建设。2012年，国务院发布《关于深化高等教育改革全面提高素质的若干意见》，要求大力发展应用技术大学。2014年，国务院印发《统筹推进世界一流大学和一流学科建设总体方案》，要求积极探索地方特色优势学科群的发展模式和有效途径，支持中西部地区应用型大学建设发展；明确提出"大力推进普通本科高校向应用技术型大学转型"。2015年，教育部印发的《关于加快发展现代职业教育的若干意见》提出"深入实施职业教育质量提升行动计划"。2016年，教育部印发的《"十三五"国家战略性新兴产业人才培养与支撑计划》提出：支持应用型本科高校转型发展；加快建设一批高水平应用型本科高校和专业学位研究生培养模式改革示范基地；推进地方普通本科高校转型为应用技术型高校；启动建设 100 所左右职业教育集团示范院校和骨干院校。2020 年 12 月，教育部在一次全国教育大会上宣布，"十三五"期间，我国已建成世界上规模最大的应用型本科高校和高水平应用型大学体系。在此基础上，2021 年 1 月，教育部印发《关于开展第二批高等学校创新能力提升计划的通知》，再次强调要"以应用技术类型学科专业为基础推进一流本科专业建设。实施卓越工程师教育培养计划 2.0"。为此，《中华人民共和国国民经济和社会发展第十四个五年规划纲要》对应用型本科高校明确指出，要"培养大批具有创新精神和实践能力的高素质应用型人才"。

（一）发展机遇

首先，国家战略层面的支持。国家高度重视高等教育，把人才培养作为经济社会发展的战略性、基础性和先导性的大事来抓，并通过不同渠道加大投入，鼓励地方、企业以及社会力量举办应用型大学和职业大学。其次，行业需求层面的推动。新一轮科技革命和产业变革带来了知识密集型、技术密集型的发展趋势，新技术、新产品以及新业态的涌现催生了大量就业岗位，"互联网＋"等对各行各业都产生了深刻影响。最后，企业对高素质应用型人才需求旺盛。随着经济发展进入新常态，制造业从高速增长向高质量发展转变，产业转型升级加快，国家战略性新兴产业持续快速增长，高新技术产业呈现集群集聚态势，互联网金融、人工智能等领域不断涌现新业态和岗位需求，为应用型本科院校发展带来强大动力和机遇。

（二）现实挑战

2018 年我国高等教育进入了一个"规模扩张与质量提升并举""规模扩张与结构调整并进"的新阶段。然而，在高等教育快速扩张背景下，我国高等教育的内涵建设和外延发展受到了较大影响，教育质量问题仍然是制约我国教育高质量发展的核心因素，我国高等教育在发展过程中仍然存在一些突出问题，其中一个重要原因就是不能适应社会经济发展对人才培养质量的要求，与国家、社会对人才培养质量的要求存在较大差距。

随着经济社会发展、产业结构升级和科技进步带来的人才需求变化，过去主要面向"高精尖缺"的应用型人才、应用型高校出现严重供需失衡等问题日益凸显。而我国普通本科高校在这一方面则明显不足，在高等教育整体普及化之后，本科教育在专业设置及数量上仍呈现出"多、小、散"的特点，导致专业设置与产业需求脱节、学科建设中缺乏特色学科、教学方式以"一本多科"为主、培养目标与企业需求不匹配、社会急需和企业现实需要脱节等问题日益突出。高校扩招也使普通本科高校生源质量明显下降，对学生全面发展造成影响，人才培养结构不合理，高层次应用型人才缺乏问题更加突出，办学模式比较单一等问题愈发突出。因此，现阶段必须清醒地认识到我国经济社会发展对人才的需求已从"有没有"转向"好不好"，需要从多个维度来构建我国高等教育体系，而在这一过程中必须坚持应用型本科高校的培养定位及办学模式改革。

(三) 历史经验

我国的应用型本科院校在经历了一段时间的探索后，逐步建立起了符合自身特点的人才培养模式，并逐渐积累了一些经验，但总体来说仍处于探索阶段。

"十二五"期间，我国应用型本科院校的培养模式有了较大改进和调整：一是由注重知识传授向注重能力和素质培养转变；二是由注重理论教学向强调实践能力训练转变；三是在教学组织上由偏重知识传授向重视能力培养和实践应用转变；四是教师由偏重理论技能教学向偏重实践性教学、实训实习转变，重点培养学生的职业能力。

"十三五"期间，我国应用型本科院校的培养模式仍处于探索阶段：一是在人才培养目标上继续坚持以服务经济社会发展为宗旨；二是加强实践教学环节建设；三是深化产教融合、校企合作；四是创新人才评价机制。"十三五"期间，我国应用型本科院校培养模式仍存在以下问题：一是在人才培养目标上仍坚持以知识传授为主；二是在课程设置上仍注重理论知识与技能的训练。

"十四五"期间，我国应用型本科院校培养模式建设与改革的总体思路是：以立德树人为根本，以服务国家重大战略需求为导向，以推动中国特色高水平应用型建设为目标，推进人才培养模式、课程体系、教学内容和方法、考核评价方式等方面的改革创新，促进学校内涵发展、特色建设和高质量办学。

三、建设路径

根据教育部印发的《普通本科院校设置暂行规定》，应用型本科院校应以专业群为单位进行布局，设置若干个专业群。在每个专业的具体建设中，可采取如下措施：

首先要建设1~2个国家级"学生创新创业训练计划"基地，为学生创新实践活动提供良好的平台；其次要根据行业企业需求与学校现有专业、课程设置相结合，设立若干个"企业研发中心"或"产业技术研究院"，为学生社会实践活动提供场地和设施；再次要依托校企合作平台、建立企业工程师工作站、企业技术中心和产业技术研究院等，为学生实践活动提供保障；最后要开展产学研合作创新平台建设试点，与行业骨干企业共建研究生培养基地、大学生实习基地等创新创业实践基地；组建产学研用一体化的联合实验室和工程研究中心等科研教学实践机构。

（一）专业建设

要根据地方经济社会发展需求和学校办学定位，进行合理的专业设置，专业的设置要与区域产业结构相适应，符合经济社会发展对人才的需求，具有鲜明特色。专业群要根据学校发展定位进行合理规划，每个专业群中的二级专业至少包括1个本科层次的专业及若干门具有硕士学位层次的特色专业，形成具有自身鲜明特色、符合区域产业结构调整需要和学生发展特点的人才培养模式，提高人才培养质量。地方应用型本科院校在设置各二级专业时，要加强与地方产业结构、经济发展、社会需求等相适应，在招生人数上不能过于集中，要根据区域经济、社会发展需求进行适当倾斜。各学科门类下各二级本科以上学科之间应做到交叉融合；各个专业所培养学生的职业素养方面应体现较强特色；各专业可根据行业和产业发展情况对课程设置进行调整，但其课程标准必须与行业和产业相关的标准保持一致。

（二）专业教学

要将教师的实践能力培养作为关键环节，不断提高课堂教学质量。教师在专业教学中，应加强实践能力培养，提高实践教学效果，加强与行业企业的合作共建，建立产学研一体化的联合实验室、新工科与新文科实验研究中心等科研教学实践机构，积极推进"双师双能型"教师队伍建设，提高双师型教师比例，优化教师队伍结构。实施"卓越人才培养计划"，培养高素质的新型专业人才，加强师资队伍建设，提高教师队伍整体素质和能力，特别是要提高青年骨干教师的综合能力，发挥政府和市场两种力量，鼓励企业参与专业教学工作。

（三）建设过程

要加强对课程改革的投入和管理力度。通过多种渠道，为学生提供必要的专业理论和技术知识，并根据学生实际能力，组织相应的实习实践活动，建立校企合作、产教融合一体化的人才培养模式，培养适应区域经济发展的高素质人才，为社会提供高质量的技能型人才，实现服务于区域发展和产业升级。开展校企联合办学并建立"校—企""校—社"等合作模式，与地方政府和企业共建创新创业平台、科技服务平台和实验研究中心。在建设过程中要加强师资队伍建设，引进先进教学方法和手段来促进课堂教学改革，建立以项目为导向的教师专业发展机制，促进教师参与课程设计和研究，在教学中融入创新创业教育理念、知识体系和方法训练，注重专业基础课程及技能类课程建设，开展教学改革与实践，完善实践体系，开展以创新创业为导向的教师培训工作。

四、改革思路

应用型本科院校的建设和发展要在"应用型"的内涵下进行，必须明确认识到"应用型"是一种特殊办学模式。首先，对于应用型本科高校而言，"应用型"意味着其在办学定位、人才培养模式、课程体系、师资队伍建设等方面的独特性。其次，"应用型"不是传统意义上"职业教育"概念，而是一种特殊的专业人才培养模式。再次，在我国高等教育结构转型的大背景下，作为高等教育重要组成部分的应用型本科院校应当承担起更多社会责任来迎接新时代对高校教学提出的更高要求。最后，"应用型"不是一种培养方案，也不是一系列课程体系和教学方法。要以社会需求为导向，坚持应用型人才培养模式。从高校发展的历史来看，高校的定位主要是基于其培养高层次人才的需要，其办学宗旨则主要是服务于社会。

因此，应用型本科院校要以社会需求为导向，在办学定位、课程体系、师资队伍建设等方面积极探索并实行应用型人才培养模式。要以服务经济社会发展为己任，培养适应经济社会发展需要、具有较强创新能力和实践能力的高素质劳动者与应用型科技创新人才。要根据市场对人才需求变化，不断调整专业设置与教学内容。应用型本科院校要坚持以社会需求为导向，以"就业—创业—再就业"相结合的方式培养人才。以"教好"和"教精"作为培养目标，以"学生中心"作为教学模式；构建适应社会发展与市场需求相结合的课程体系和教学内容，创新课程内容，积极探索校企合作、产教融合的实践教学模式。以教学改革为核心，推动教育教学方式的变革，应用型本科院校的人才培养必须以能力为本位，以学生为中心，以课程教学为载体，建立适合新时代下应用型人才需求的教学体系。以教师为主体，以学生为中心，要坚持理论与实践相结合，把理论学习和实践锻炼紧密融合，重视创新能力和人文素养的培养，通过课程教学改革、教学方法革新以及构建开放的教育环境等方式来提高学校办学水平。

第三节　应用型本科院校的办学特点

在我国，应用型本科院校是高等教育改革的一种特殊模式。它的办学特点是什么？在《关于深化本科教育教学改革全面提高人才培养质量的意见》中，我们看到这样一句话："应用型本科院校是我国高等教育体系结构中最重要的组成部分，其发展水平代表了我国高等教育发展水平，也代表着我国高等教育事业在世界上的竞争力。"应用型本科院校与一般大学有什么区别？《国务院关于印发国家教育事业发展"十三五"规划的通知》中明确，中国应用型本科院校主要有以下几种类型：一是普通本科高校转型为应用型高等学校，二是普通本科院校转型为应用型高等学校，三是独立学院转设为普通高校。

一、转型

转型成为应用型高校的关键是办学定位。目前，我国许多本科院校都在积极调整办学定位和发展方向，以期能找到一条适合自身的人才培养模式。在国家层面，教育部已经在"十三五"规划纲要中提出了本科院校转型发展的具体目标。从转型发展的路径看，可以大致分为两类：一是从普通本科高校向应用型高等学校转变；二是直接由应用型高等学校向应用型大学转变。高校转型都面临一个共性问题——人才培养定位问题，我国普通本科院校主要有两类：一类是原来的本科院校，如南京工程学院、浙江大学宁波理工学院、北京航空航天大学、东北大学等；另一类是现在的本科院校，如西安工程大学、上海财经大学、重庆邮电大学等。从类型上看，转型高校基本都有各自的发展特色。

（一）原本科院校转型为应用型高等学校

原本科院校转型为应用型高等学校，是高等教育发展的一种趋势，也是社会对应用型本科人才需求的必然。近年来，不少院校积极进行转型发展建设，以满足人才市场和社会经济发展需要。例如，南京工程学院是国家示范性建设高校，在转型发展过程中，学校明确了"服务地方经济社会发展"的办学定位，确定了"为区域支柱产业、支柱行业培养高素质应用型人才"的人才培养目标；浙江大学宁波理工学院在转型发展过程中，学校根据自身情况进行了一系列的改革创新探索，一是在专业设置上，增加了适应社会经济发展的新专业，二是在培养模式上，增加了"产学结合""校企合作"的新型人才培养模式等；西北工业大学通过优化专业结构，调整学科建设布局，形成"三核六翼多点"专业建设体系：以国防特色为核心、以应用技术学科为两翼，以国防科技工业特色为核心、以应用技术学科为支撑等。

随着我国高等教育普及化的深入推进，国家对应用型人才的需求越来越迫切。从目前来看，应用型人才的培养已经成为我国高等教育发展的主要方向和目标之一。转型升级是建设中国特色世界一流大学的必然选择，在当前全球经济一体化、区域合作和全球分工背景下，我国产业结构调整、经济转型升级对应用型人才的需求迫切要求转变观念、改革机制、创新模式；同时，高校办学必须紧跟国家战略目标和社会需求。高校应用型人才培养的核心问题是专业人才培养目标与社会需求之间的错位，从这个意义上讲，应用型人才的培养与创新能力、技术水平都存在一定程度上的错位。在新一轮高校"双一流"建设过程中，必须坚持以立德树人为根本，在改革中发展，在发展中改革，必须以社会需求为导向，面向社会实际。应用型人才培养只有紧紧围绕经济社会发展对高校人才培养的新需求来进行创新，才能真正发挥高等学校服务社会经济发展、推动地方经济转型升级和高等教育内涵式发展的重要作用。当前，我国高等职业教育正面临着由数量扩张向质量提升转变的"战略转型期"和"结构调整期"两个阶段叠加过渡时期。对高等职业教育来说，"战略转型期"将持续较长时间，在此期间，高等职业教育如何把握好发展方向、坚持特色发展、推进改革创新、实现转型升级将成为高等教育面临的一大挑战。

（二）直接由应用型高等学校向应用型大学转变

转型类型的学校是指那些与原来的本科院校完全不同的高校，它虽然在人才培养目标、教学内容和方式上都有了很大变化，但其办学目标、培养模式和特色基本没有改变。例如北京交通大学在转型发展过程中，要重点把握好四个方面：一是培养应用型人才；二是坚持以服务为宗旨，发挥学科专业优势，主动对接区域经济社会发展需求和行业企业，为区域经济社会发展提供高素质创新创业人才，加强校企合作，形成校企合作、产教融合的良好机制，推进人才培养模式改革和课程体系建设，强化实践教学环节，推进实习实训基地建设；三是要注重教学质量；四是坚持产学研结合和产教融合的发展道路。在类似这种转型类型的高校中，"应用型"与"研究型""学术型""职业型"之间存在一定程度上的交叉关系，但并不完全等同于应用型大学之间的关系，因为两者有着明显不同。

二、整合

中国高等教育结构存在着三种类型：一是综合大学，包括北京大学、清华大学、复旦大学、上海交通大学等；二是应用技术大学，这类院校的教育对象一般是理工科专业的学生，以培养应用型人才为主；三是职业技术大学，这类院校一般为综合类院校中的"应用"类。在现有的高等学校体系中，应用技术大学在数量上少，而以综合性高校为主。我国高等工程教育发展很快，许多高校都开始建立了自己的高等工程教育机构，如北京航空航天大学、西南交通大学、西安电子科技大学等。但应用技术大学十分稀少，而与此相应的高等教育结构体系极为庞杂，综合性高等学院、综合类高等职业学校、高等专科学校等都有，高等院校的数量不断增加，层次越来越高，在高等教育发展过程中形成了三种类型，分别是综合性高等院校、应用技术型高等学校、高等职业学校。就目前情况看，中国高校在类型上出现一种趋势，即向综合类高校发展，我国现有的综合教育机构，包括综合类高等学院，仍以培养应用型人才为主。而以应用技术型高等学校为主体的高等教育体系中（不包括综合性高校）却出现了综合性高校占主体的趋势。

首先，在高等学校体系中，综合类高校主要是培养应用型人才，但也可以通过合并、新建、重组等方式发展成综合型高校；应用技术大学主要培养应用型人才，但也可以通过合并、新建、重组等方式发展成职业技术大学。在中国，应用技术型高等学校主要是指以培养应用型人才为主的高等学校，其中包括综合性应用技术大学、职业技术大学，职业技术类型高等学校主要是指职业技术学院。在高等学校结构体系中，综合性高校、职业性职业学校等类型的高等教育机构和应用技术型高校一样，都属于应用教育范畴；而职业教育、成人教育则是社会经济发展的必然产物，如"双高计划"。因此，"以应用型人才培养为主"也就成为中国高等教育结构体系中最显著的特征。中国应用型本科教育结构体系中，以综合性高校为主体的趋势更加明显。高等院校中，由于综合性高校以培养应用型人才为主，所以综合类高校一般都是应用型本科院校。在高等教育的类型结构体系中，综合类高等院校是指以培养应用型人才为主的高等院校，包括综合性大学和应用技术类高校。但应用技术类型高等学校则不同，由于"双高计划"的影响，其中也包括"双一流"建设计划，一些应用型本科院校也会以培养应用型人才为主。

其次，应用技术大学一般面向理工科专业学生，培养的是"应用型"人才，而综合类高等职业学校的学生培养目标与之不同，他们既要掌握专业知识，又要具备职业技能与素养。但是在中国社会发展过程中，随着经济社会和科技水平的不断提高和发展，应用型人才的需求越来越大，而应用型本科院校不可能像综合性本科高校那样培养大量应用型人才。目前，我国一些综合性大学或学院的学生也在向应用技术大学方向发展，中国教育在线在 2020 年 3 月16 日提出，由于综合类高水平大学不能培养太多综合性人才，应用技术大学可以通过自身培养大量的应用型人才。因此，目前存在一个值得重视的问题，我国一些高等学校在培养应用型人才过程中走偏了方向和道路，而综合类高水平大学在培养应用型人才过程（包括研究生教育）中也出现了类似情况。随着中国高等教育结构的改变，未来我国将出现两种类型的高等教育：一是以综合类高校为主体；二是以应用技术大学为主。虽然应用技术大学不能完全摆脱综合性高等学院而存在，但由于两者在培养方式、专业设置方面存在一定区别，因此应将二者统一于同一层次高等教育之中，并加以整合。在这种整合过程中，应用技术大学和职业技术大学应是相互独立的高等教育机构——应用型本科院校，又是相互依存、相互融合的两个层次的高等教育机构——应用型普通本科高校与职业技术本科高校。

最后，职业技术大学主要从事专业技术领域的人才培养工作，而不是生产环节上的技术工作。为了使"应用"型高等教育更具特色，职业技术大学更应注重对应用型人才的培养，培养技术应用型、工程应用型的高素质人才，这一办学目标是由其办学特色决定的，而不是由其学校发展规划决定的。也就是说，职业技术大学并不是一所只培养职业技术类（或工程类）人才的"研究型"大学,而是一所定位于专业技能类人才培养、工程研发等方面的高校。职业技术大学在专业设置上一般也会与其他类型高校有交叉现象,在职业技术大学与综合性高等院校之间存在着这种交叉,但这种交叉并不是以前者对后者进行某种程度的取代、排斥为前提的,这种交叉既不是因为它们之间有竞争关系也不是因为它们对彼此存在某种程度上的排斥。二者都有各自培养应用型人才(或者说职业性人才)、工程类人才和技术型人才的不同定位或目标,也都有各自培养应用型(或者说工程型)人才、工程型人才和技术型人才的不同要求和任务。从教育规律来看,高等教育机构在办学过程中不应单纯地为某一类型目的而存在,而应将其与目标统一并有机结合起来。职业技术大学和综合性高等院校、高等职业学校以及高等专科学校之间也存在着这种交叉,职业技术大学与其他类型综合院校一样可以培养应用型人才,但它不能取代综合性高等院校和高等专科学校,而高职院校则不能培养工程技术领域的应用类人才,但是在某种程度上,一所高职院校可以培养某一方面或几方面的应用技术类应用型人才。职业技术大学可以根据自身特点来定位自己(职业性或技术性)的专业方向,而高职院校则只能立足于本类型专业方向中某一层次或某些层次。

三、优化布局

2015年,国务院印发的《关于加快发展现代职业教育的决定》明确提出"要优化布局和结构,提升职业教育服务经济社会发展能力"。"十三五"规划纲要(草案)明确提出:"引导有条件的地方整合资源,积极推进职业教育集团化、联盟化、国际化办学,提升办学层次和质量。"可见,优化布局、提升层次、明确定位、发展特色成为今后5年职业教育发展的主要任务。

我国将推动现有普通本科院校向应用型高校转型,建立以本科层次职业教育为主体的高等学校体系。根据《国务院关于印发国家职业教育改革实施方案的通知》要求,从2017年起,对符合条件的普通本科高校转设为应用技术大学(学院);对转型为应用技术大学的原普通本科高校调整为应用技术类型高等学校(独立学院);对符合条件已转型为应用技术类型高等学校或独立符合转设条件的普通本科高校,原则上应于2020年前完成转设工作;对转型为应用技术大学(学院)的普通本科高校,转设为应用型独立学院的,学校名称可使用"学院"字样。在应用技术大学(学院)转设时可采用"大学(学院）+学科"的方式进行，也可以采用"大学（学院）+专业类+学科"的方式，在应用型独立学院转设时，也可以在本科层次上设置专业。

在优化布局阶段要对职业院校办学结构进行全面优化，按照《教育部关于印发〈高等职业院校设置标准〉的通知》要求，"以服务为宗旨，以就业为导向"是高等职业学校设置的基本原则。因此，我国应用型本科院校在未来的发展中将重点建设应用技术大学或学院。其主要原因是：（1）通过提升学校的办学层次和规模，适应国家经济社会发展对应用型和技术型人才的需求；（2）推动应用型本科教育向应用型转变，提高培养人才的质量；（3）进一步优化专业结构和布局，使专业更加符合社会发展的需求。

近年来，职业教育在学校布局结构上不合理，一直是高等教育领域研究度较高的问题之一。该问题主要涉及：（1）社会需要什么样的技术技能人才？如何满足当前社会发展需求？（2）哪些地方需要职业教育？随着经济社会发展，对应用型和技术型人才需求不断增加，现有学校布局结构无法满足经济社会发展需求。为此，教育部于2015年5月发布了《普通本科高校设置暂行规定》和《关于规范推进高等学校设置工作的若干意见》两个文件。《教育部关于"十三五"时期高等学校设置工作的意见》中明确指出："依据高等教育事业发展目标，统筹好规模与结构、需求与条件、存量与增量的关系。探索建立高等教育分类体系，推动高等学校多样化办学、特色化发展。"各地要依据高等教育分类体系，对接区域产业发展和基本公共服务对人才的需求，合理确定高等教育层次结构，逐校明确存量高等学校的办学定位、服务面向和学科专业布局。

高等职业教育高质量持续健康发展提出明确要求，支持高等学校在师资队伍建设、学科专业建设、科学研究等方面加大投入力度。积极稳妥地推进普通本科院校转型为应用技术类型高等学校，按照试点方案和政策要求，重点支持转型发展的普通本科高校建设，按照国家有关规定，对符合条件的现有普通本科高校转设为应用技术类型高等学校给予适当政策扶持。转设为应用技术类型高等学校的普通本科高校，学校名称应体现应用型特色和内涵发展要求，并根据学校办学定位与目标提出具体改革方案。积极支持转型后的应用技术类型高等学校按照国家相关规定和程序进行审批并在高等教育管理部门备案，完善应用技术类高等学校设置标准，引导有条件的高等学校合理设置应用技术类专业或方向，积极开展专业认证和评估工作。各地教育行政部门应将转型后的学校作为重点支持对象。

对符合条件的普通本科院校转设为应用技术大学（学院）的建设经费进行专项支持；鼓励具备条件的地区设立应用技术大学（学院）和应用技术类型高等学校；支持有条件的地方按照程序对已转型为应用工程、职业技术等类型高等学校或独立学院未完成转设工作的学校按程序进行调整和重新登记。对不符合设置标准或办学定位、不具备开展本科层次职业教育办学资质、盲目跨省增设专业或机构等已设置但未达到转设标准的学校，不再予以审批；对符合设置规定但尚未进行转设和重新登记的学校，经有关部门批准可继续按程序开展设置工作，各地区各高校要高度重视并切实抓好应用型本科院校调整工作。

同时，将高等职业院校纳入高等教育体系，明确其定位和办学模式。在发展高等职业教育的同时，也要积极扩大其办学规模，在高等教育层次，根据办学条件和需求，重点建设一批高水平的职业院校，在学科专业布局上，坚持以市场为导向、以就业为导向，把人才培养与产业发展需要紧密结合。积极适应我国产业结构调整和转型升级对技术技能人才的需求。大力支持有条件的高等职业院校面向区域经济社会发展，培养服务重点产业的紧缺型人才。鼓励职业院校在科学研究、技术开发以及培养高技能人才等方面开展合作创新，完善高等职业院校内部治理结构，建立适应高等职业教育特点和规律的管理体制、运行机制和质量保障体系。推进高等职业教育改革试点工作，在有条件的地区开展一批示范性现代高职院校建设工程和示范专业群建设试点。

四、强化服务

转型后的应用型本科院校，在办学定位上要坚持特色化发展，在专业建设上要坚持特色化发展。这就要求在专业建设上强调应用型特点：一是加强实践教学环节建设，以应用为导向建立"双师型"教师队伍；二是强化对学生实践环节的培养，积极推进社会服务能力的形成；三是优化教学管理机制，建立以学生学习为中心、以教师教学和科学研究为主体、师生互动的教学管理机制以及以教育质量保障为核心的评价体系。

（一）加强实践教学环节建设

应用型本科院校的实践教学，应注重强化学生的实践能力、创新能力。首先，在实践教学条件建设上，应着重提高学生实际操作和解决问题的训练强度。其次，在实践教学内容设计上，应以应用知识为导向，强化动手能力的培养。再次，在实践教学组织方式上，应采用与传统模式不同的组织方式。最后，应该加强教师队伍建设和管理工作。只有将学校人才培养的目标、模式定位为应用型人才，才能更好地适应转型后的应用型本科院校发展需求。

（二）强化对学生实践环节的培养

应用型本科院校学生的实践环节主要是校内实践，这就要求高校必须为学生的社会实践提供必要的条件和平台，强化校外实训基地建设。学校可以通过各种途径和形式，利用社会资源，让学生在校内外开展具有一定创新、创业能力的实践活动。同时，也要让校外实训基地为学生提供丰富的实训资源。对于学生在校内实践中存在的问题，要加强管理，强化服务意识，完善规章制度，切实保障实践环节的顺利开展。要加强师资队伍建设，引进一批既有丰富行业经验又懂教学科研开发与应用、理论知识与实际应用紧密结合、能带领学生完成项目实践工作的"双师型"教师队伍。此外还应加强实验实训中心建设，并加大实验室等硬件设施建设力度和投入，为学生提供先进实验设备。

（三）优化教学管理机制

教师教学与学生学习之间存在着互动关系，而不是单方面地要求或者强迫学生去学习，在应用型本科院校，要建立起一套以教师教学和科学研究为主体、师生互动的管理机制。同时，建立起一个以质量监控为核心的评价体系，并以此为基础来制定教育质量保障政策。另外，要优化课程结构：一是完善课程内容体系，特别是应用型本科院校更应注重对学生进行职业规划、职业生涯设计和就业指导的教育；二是提高对课程的重视程度，应用型本科院校应从学生学习的角度出发，不断改进课程内容和教学方法，同时还要强化对教学过程的监控及评价体系的建设；三是加强专业教学团队建设。

五、提高质量

通过实施"双师型"教师队伍建设计划，优化教师资源配置，加强教学团队、课程团队和教学平台建设，完善"双师型"教师队伍激励机制。要建立以服务为宗旨、以贡献为导向的人才评价机制和以质量为核心的评价机制。全面实施"互联网＋"工程，促进现代信息技术与教育教学深度融合，创新人才培养模式，提高人才培养品质。要把教师作为教学改革和科研工作的主体纳入改革范围，提高其参与教学组织管理和指导实践的能力。建设高水平应用型本科院校、开展专业认证，完善学生学习成效和学业质量考核评价制度。同时，加强对应用型本科院校的管理工作，推进分类管理，落实经费保障，落实责任主体，创新投入机制，加强监督检查，完善评价考核机制，健全教学督导制度，创新教学科研组织形式。

第四节　应用型本科院校的发展路径

新时代应用型本科院校建设，应围绕人才培养的目标，积极主动融入区域经济社会发展需求，提升人才培养质量，提高专业技术技能人才比例。新时代建设高质量应用型本科院校是中国特色社会主义现代化建设事业的必然要求。

一、立足区域经济社会需求提升人才培养质量

在世界经济向高质量发展转变的过程中，知识技能密集型产业已成为我国经济发展的重要支撑，而教育作为知识技能创造、创新的源泉，也已经成为实现中华民族伟大复兴中国梦的重要力量。为适应区域经济社会发展对高质量人才的需求，应用型本科院校必须加强对自身办学定位、内涵建设等方面问题的研究。

一是围绕区域经济社会发展需求来制定人才培养方案。应用型本科院校应结合区域和学校自身实际情况，认真研究区域和学校对人才培养目标、专业建设、课程体系建立等方面提出的具体要求，科学地制定本校人才培养方案与实施细则。

二是按照国家政策要求来构建具有区域特色的专业体系。根据教育部《普通高等学校本科专业目录（2023年版）》对应用型本科院校设置的有关规定，应用型本科院校应根据地方经济社会发展和行业企业需要设置相应专业，形成适合地方经济社会发展特色和区域特点的新兴学科专业体系。

三是依据产业人才需求来调整校内相关专业结构。随着我国科技水平不断提高，国家对高新技术领域和前沿新兴产业不断加大投入，新技术、新模式不断涌现，高校应根据区域产业结构变化及时调整相关专业设置。

四是根据企业实际需求来调整人才培养方案。不同行业、不同岗位对高校

人才需求不同，学校应结合行业与企业特点优化课程体系设置和教学内容安排等，以适应行业与企业实际需要。同时要注意与地方政府、企业、社会团体及社区合作，共同培养应用型人才。

五是根据市场需求来培养"双师型"教师队伍。从我国经济社会发展要求和高等教育自身特点来看，高等职业教育与应用型本科教育之间存在较大差异，要在不断深化职业院校改革的同时加强应用型本科院校建设管理工作。通过政府、企业、学校"三位一体"合作办学模式以及产教融合、校企合作实践教学基地建设等措施，促进高等职业教育与应用型本科教育互动联动，形成应用型本科院校办学特色和优势明显、社会认可度高以及高层次应用型人才培养基地建设取得显著成效等特色的"双师型"教师队伍，提高高层次应用型人才培养质量。

六是推进"双师型"素质教师队伍建设。"双师型"素质教师是应用型本科院校提升人才培养质量和社会服务能力的重要保障之一。通过强化师资队伍建设、加大资金投入力度和优化政策环境来调动师资队伍积极性是提升教学质量的重要手段之一，同时还要通过推进教师考核评价制度改革以及加强师德师风建设等措施来营造良好的教育生态环境。

二、建立健全符合应用型本科院校办学规律的评价机制

在应用型本科院校评价机制中，要建立"分类"和"动态"相结合的综合评价体系。首先，要将分类指标、分类结果进行整合。根据不同类型应用型高校的办学定位、学科专业特点和优势特色以及人才培养目标要求，制定适合应用型高校办学目标的专业评价指标体系和综合考评办法，将综合考评结果与专业建设方案、教师队伍建设方案等有机结合起来。其次，要注重评价方式方法、结果应用方式的多样化。应根据人才培养模式改革目标，充分利用社会第三方评价资源和市场监督手段，对学校教学管理、师资队伍建设、实践教学改革、学生学业成绩等方面进行多维度评估。再次，要以综合评价为导向，注重综合评价结果与人才培养目标相适应。综合评价要重点考查学生知识与能力、过程与方法等方面的情况，同时关注学生学业成绩是否达到学校设置要求，还应考查专业教师在科研创新平台中扮演什么角色并发挥什么作用，关注学生社会实践和创新创业实践能力培养情况等。最后，要加强与企业的深度合作，把应用型本科院校建设成"双师型"教师队伍培养基地，构建完善的教师培训

体系和教学支持服务体系。

（一）构建应用型本科院校的综合评价指标体系

科学界定应用型本科院校的内涵，结合学校办学定位和特色，构建应用型本科院校评价指标体系，构建基于应用型本科院校办学特点的指标体系。建立多元主体评价机制，实现不同主体之间的交流与沟通，结合指标内容，建立科学规范的考核评价办法。将不同类型高等学校纳入综合评价模型中，建立综合评价的动态调整机制，促进评价结果应用多样化。坚持"分类建设、动态管理"原则，根据应用型本科院校的办学定位和特色，完善指标体系和考评办法，充分调动和激发各高校参与改革与建设积极性。对综合性强的指标进行单独设计、分头推进，确保指标设置具有针对性、科学性和可操作性。根据办学定位、学科专业特点和优势特色建立相应的人才培养模式改革评估指标体系，加强对高校人才培养效果的综合评价，强化综合考评结果应用方式多样化建设，将其作为学校整体办学水平提升、绩效评估与资源配置优化以及人才培养模式改革效果评价等工作的重要依据。

（二）科学评价各类型应用型本科院校人才培养质量

一是以特色为导向，加强学科专业建设。应用型本科院校要在不同类型、不同层次的专业建设中注重对特色和优势专业的培育，提升优势特色专业在人才培养中的地位和作用。二是以就业为导向，加强实践教学改革。应用型本科院校要以学生就业为办学宗旨，加强实践教学改革，强化学生技能训练，提升学生就业竞争力，确保毕业生能够满足市场需求。应用型高校要坚持市场需求导向、人才培养模式与社会需求对接，加强"双师型"教师队伍建设，完善高层次人才引进机制和激励机制。三是以提高学生综合素质和实践能力为重而不只是以学业成绩为标准。应用型本科院校要注重培养学生的综合素质和创新创业精神，而不只是以学习成绩和考试成绩等学业成绩为标准。四是以国际合作交流为重点而不只是引进国外优质教育资源。五是以社会需求、学生就业或深造效果为重而不只是关注就业率和专业排名，从而促进学生学习质量的提升。

（三）建立多维的评价指标体系

评价指标的选择应遵循科学性、针对性、可操作性等原则，通过文献分析、专家咨询和调查问卷等方式，建立一个能够反映学校办学水平和发展潜力的综合评价指标体系。应用型高校是培养应用型人才的，需要在教学改革上有所突破，因此要关注学生知识与能力、过程与方法等方面的情况。应用型本科院校是为地方经济社会发展服务的，主要为区域经济社会提供专业人才、智力和科技支持，因此需要关注与地方需求契合度高的专业设置以及与区域产业转型升级密切相关的专业设置。基于应用型本科院校人才培养目标的要求，应将学生实践能力作为评价重点，结合自身办学特色，重点建设实验室、实践基地等平台，在专业课程体系中设置实践教学环节。另外还要关注学生在校期间是否参加过创新创业训练计划项目、参与过社会实践活动等方面。

（四）运用多元的评价方法和结果应用方式

首先，要充分利用社会第三方评价资源。其次，要将学生学业成绩纳入评价结果。应用型本科院校要在评价过程中注重对学生学业成绩的考查，并将其作为综合评价的重要依据。再次，要积极运用国际国内同行专家的评价方法。国外大学比较重视对学生学术能力和社会实践能力的考查与评估，国内高校则在这方面较为薄弱。因此，可以充分利用国内外专家学者对相关学科专业的评估方法、程序；也可以借鉴美国职业技术学院等组织或机构的评估方式。最后，还要重视采用多样化的评价结果应用方式，如：建立"双师型"教师培养基地、开展教学质量综合检查和学生评教等；建立专业建设、人才培养模式改革等绩效考核结果公开制度；运用社会调查与市场调查等方式了解社会对应用型高校人才培养质量的评价意见；利用第三方专业测评机构和教育评估咨询机构等专业社会资源对学校办学条件和人才培养模式改革情况进行综合评估等。

三、完善专业设置与布局，提高专业人才比例

为适应区域经济社会发展对高素质人才的需求，应用型本科院校应根据自身的办学定位，围绕培养目标，合理规划专业设置和布局，积极主动融入区域经济社会发展需求，提高专业人才比例。

首先，加强专业设置与布局的前瞻性研究，不断优化和调整专业结构和规模。结合区域产业发展规划及相关产业领域对人才需要趋势、培养目标和办学定位等因素，加强对专业设置和布局的前瞻性研究，以提高教育教学质量、促

进学生全面发展为出发点，结合地方经济社会发展需求，科学合理地确定各个专业学科的设置方向与规模。其次，以服务地方产业升级为导向优化专业结构。依据服务区域经济社会进步需要、企业需求以及学校自身优势条件等因素，充分发挥区域产业部门、行业协会以及相关行业企业的作用，以就业为导向优化调整专业结构和规模。最后，建立健全应用型本科院校技术技能人才培养模式。以应用型本科院校的优势学科为基础，以社会应用需求为导向开展特色专业建设；探索学科交叉、校企合作、产教融合培养技术技能人才模式；鼓励高校设立新文科、新工科实验室与实验实训室等实践性教学基地，加强与企业合作培养高素质技术技能人才的力度。应用型本科院校是高等教育大众化背景下发展起来的一种新型教育类型。在当前经济转型与社会结构变革过程中，我国高校教育理念和办学模式面临着重大变革与转型。随着高等教育大众教育向普及化教育过渡，普通高等教育培养目标也应随之由大众高等教育向普及化方向转变。然而，我国大多数普通大学仍然以培养高素质、高层次、专门型人才为主，而地方高校则以培养高层次应用型人才为主。这种"大众高等教育—高等职业学历教育—应用型本科教育"的分层发展模式不能很好地适应区域经济社会发展需要并造成了资源浪费与人才过度集中于大众教育的现象。"十四五"期间，随着我国全面进入新发展阶段，地方应用型本科院校面临着转型升级的任务，因此，在高等教育普及化背景下，探讨应用型本科院校转型升级问题就具有重要意义。

四、以服务为宗旨，创新产学研合作机制

创新是引领发展的第一动力。在新时代，创新是一个国家、一个民族不断进步的灵魂，更是高质量发展的不竭动力。建设高质量应用型本科院校应始终坚持以服务为宗旨，坚持以市场为导向、以企业需求为中心、以成果转化和社会服务为目标，走产学研合作创新之路。学校要紧紧围绕区域经济社会的重大需求，积极开展科研开发与技术创新，主动与地方企业开展合作，通过企业实际项目的研发提升学校科技服务能力。同时充分发挥"双师型"资源优势，建立校企双师型团队，充分利用"双课堂"教学改革成果和"互联网＋"行动计划等项目实施过程中产生的新知识、新工艺等创新成果。通过实施校企合作、产教融合等项目，促进科研成果转化。学校还应加强与地方政府以及企业之间的合作交流，积极组织师生开展技术创新和科技服务活动；发挥校企合作

的协同育人机制作用，与行业协会建立战略合作伙伴关系；建立校企共建联合实验室制度；加强校企合作培养培训专业教师工作。

高等教育是一个国家发展水平和发展潜力的重要标志。建设高等教育强国是实现中华民族伟大复兴中国梦的重大战略任务。"双一流"大学建设是实现高等教育强国的重要战略目标。从应用型人才培养的角度看，应用型本科院校是应用型人才培养中最重要、最基本也是最关键的组成部分。只有将学科专业调整与地方经济社会发展紧密结合，不断提高应用型本科教育水平，才能适应社会需求变化，促进社会经济高质量发展。

对于应用型本科院校来说，在培养应用型人才方面要具有以下特色：（1）在学科专业建设上，以培养应用型专业人才为目标，突出学科专业的应用性、实践性、针对性；（2）在师资队伍上，要充分发挥学校现有师资的优势（有丰富的教学和实践经验），同时要根据学校发展目标来引进和培养师资力量；（3）要坚持"以学生为本"的理念，充分发挥学校现有教学资源，不断完善"双师型"教师队伍的建设，通过校内与校外相结合和产学研相结合来不断提升教师队伍的实践能力；（4）要注重在办学过程中积极吸收行业企业参与办学过程中形成的科研成果和技术应用，以提升学校的应用型人才培养水平。

应用型本科院校是我国高等教育结构转型的产物，是高等教育改革发展的必然趋势。中国特色社会主义进入新时代，中国梦的实现离不开国家富强、民族振兴、人民幸福。高校作为"人才蓄水池"和"精神家园"的作用日益凸显。建设中国特色应用型大学，是服务于中华民族伟大复兴事业，服务于国家富强、民族振兴、人民幸福，是实现"两个一百年目标"和全面建成社会主义现代化强国、实现中华民族伟大复兴中国梦的必然要求，建设具有中国特色、世界水平的应用型大学，是培养高素质应用型人才、深化产教融合的必然选择。

经过改革开放40多年的发展壮大，我国已基本建成世界上规模最大的高等教育体系。新时代下，高校要深入贯彻落实习近平总书记关于教育工作和高等教育发展系列重要论述精神，牢牢把握立德树人根本任务，紧紧围绕国家重大战略和区域经济社会发展需求和办学定位办大学，使我国高等职业教育改革与创新不断取得新进展，高等职业教育综合实力大幅提升。高校要以服务国家重大战略需求为导向，以建设世界一流大学和一流学科为重点，聚焦新工科、新文科、新医科和新农科建设；要坚持创新驱动发展战略，推动产业升级和科技创新；要推进"双一流"大学和学科建设攻坚计划；要加强教师队伍与教材建设；要持续加强内涵建设；要积极拓展国际合作办学新渠道与新空间。学校是培养人才最重要的场所，培养高素质应用型、复合型人才是其首要职责。

第三章

我国旅游高等教育的现状及其问题

旅游业是 21 世纪最具活力的新兴产业之一，已成为国民经济发展的重要支柱产业。我国旅游业的快速发展需要一大批懂旅游管理专业知识的专门人才。目前，我国高校旅游教育还存在着对旅游教育缺乏正确认识、人才培养模式落后、忽视学生社会实践能力、学生职业素养和创新能力不强等问题。针对这些问题，解决的关键在于构建一个以应用型大学为主体、应用型本科院校为骨干、高职高专院校为基础的旅游高等教育体系。

第一节　我国旅游高等教育的现状

旅游高等教育是旅游管理学科的重要组成部分，其研究的对象是从事旅游业开发和管理等方面工作的专门人才。改革开放以来，我国旅游高等教育得到了快速发展，培养了一大批高素质的旅游经营者和管理工作者。随着经济发展水平的提高和我国旅游业的发展，对旅游业人才需求也在不断增加。目前，我国旅游高等教育正处于从传统教育向现代教育转变的关键时期，其发展模式尚不能完全适应现代化社会对复合型人才和高素质人才的需求。因此，要培养出符合我国经济社会发展需要、满足世界文化旅游业要求、符合国际旅游业接轨方向、具有国际竞争力和影响力的人才，就必须转变观念，积极创新，以改革为动力。

改革开放以来，我国旅游高等教育的办学模式和教学内容、教育方法等都发生了很大变化。旅游高等教育是一个比较宽泛的概念，其涵盖范围从高职高专、本科、硕士到博士等各个层次。我国旅游高等教育的发展起步较晚，20

世纪 90 年代中期才有少量高校开设旅游管理类专业，在此之前，我国的旅游教育基本上是与师范教育相配套。我国旅游业快速发展以及我国政府对旅游业的高度重视使得旅游教育得到长足发展，旅游高等教育得到长足进步。旅游高等教育要适应市场经济发展的需要，就必须坚持以市场为导向，建立现代大学制度和新的办学模式，培养具有良好职业道德、较高文化素养、创新能力、传播能力和实践能力的复合型人才。

因此，旅游高等教育必须改革教学内容，以培养学生适应市场经济发展需要和符合现代旅游发展趋势的实际能力为目标。然而，我国许多旅游高等学校还没有从传统教育向现代教育转变的意识，没有充分认识到我国旅游业对专业人才需求的特点和要求。在教学内容方面，传统高校教学内容侧重于理论研究与知识传授。在知识传授层面，多数高校还是沿用传统理论讲授式教学模式，缺乏实践环节；在人才培养目标方面，传统高等教育注重为社会输送专业基础知识扎实、专业能力强、实践动手能力强的应用型人才，而忽视了学生的个性发展以及学生创新能力和实践能力的培养；同时，对学生培养目标缺乏前瞻性考虑。为此，高校应该针对当前旅游行业对应用型人才需求增长快、旅游专业教师数量不足、课程体系设置不合理等问题，围绕市场需求进行教育方向调整与专业重组，根据行业和市场需求以及行业发展趋势开展应用型人才培养，加强实践教学环节。在教学方法上，目前大部分高校仍采用传统教育观念培养学生，在旅游高等教育中缺乏应用创新理念对其的引导。我国旅游高等教育应结合社会需要来调整教育内容结构和组织形式；改革现有教学方法来适应社会的需要。目前虽然一些高校在对旅游高等教育的教学方法方面进行了探索尝试，但仍缺乏系统化的理论指导和实践积累。我国很多旅游高等院校虽有课程设置方面的调整与改革创新思想，但仍停留在理论研究阶段中，很少在实践教学方面进行全面改革。

一、我国旅游高等教育发展状态

旅游高等教育的形成时间较晚，最早可追溯到 20 世纪 30 年代。但是由于当时我国正处于战乱时期，对教育发展的重视程度不够，加上国内旅游业对人才的需求不足，导致旅游教育一直处于一种较为落后的状态。近年来，随着我国经济迅速发展和人民生活水平不断提高，旅游市场对人才提出了更高的要求。因此，旅游教育也从过去单一追求数量向重视质量转变、由传统专业向多学科综合发展转变。另外，我国虽然有许多高校开展旅游教育工作，但是由于受到传统观念、师资力量、资金投入等方面影响，很多院校都没有开展旅游教育工作。由于受到经济社会发展速度、经济结构等因素影响，我国目前旅游类专业院校普遍面临生源不足、生源质量差、师资力量薄弱等问题。尤其与我国旅游业蓬勃发展状况不相适应的是旅游业自身也面临着巨大压力。首先是由于我国旅游业自身发展不平衡对人才需求产生较大影响，其次是我国高校旅游教育中人才培养模式与市场需求之间存在一定的差距，最后则是因为旅游产业结构调整带来了对人才培养质量标准提高。尽管我国旅游高等教育在发展中存在着很多问题和不足，但由于其有着悠久的历史和丰厚的文化底蕴以及国家对其支持力度越来越大，我国旅游高等教育在迅速发展。

（一）旅游高等教育专业数量不多

我国旅游业目前处于蓬勃发展阶段，但是旅游行业从业人员的文化素养和职业技能与我国旅游业快速增长的需要还有一定差距，旅游类专业作为旅游学科的一个分支，它是随着人类社会发展而产生与发展的。在人类社会历史的各个时期，旅游类专业都处于一个不断探索与完善的阶段，并随着社会经济和文化生活水平的不断提高而逐渐成熟。但与旅游业发展的需求相比，我国旅游业人才培养模式还不够适应。旅游类专业是一个实践性很强的专业，学生的知识和能力都需要通过实践来检验。同时，旅游业的发展对专业技术人才提出了更高要求，在人才培养过程中也要不断改进教学方法，增强学生的创新能力和实践能力。这就需要高校进一步加强对旅游高校学生实践能力培养的重视。高校学生要转变学习观念，树立创新意识，培养良好思想品德、创新精神和实践能力。旅游高等专业教育要为社会经济建设服务是社会对人才培养的要求，也是高等学校办学目标中必须遵循的基本原则之一。旅游高等专业教育应积极引导学生树立正确的世界观、人生观和价值观，培养具有正确世界观和价值观、较强社会适应能力和国际竞争能力的较高素质者。

旅游业飞速发展使得旅游业对旅游专业类人才需求持续增长，而当前中国旅游相关行业中各类型专业人才需求结构呈现出多元化趋势，市场上亟需大量高级专业技术人员，但同时也面临着人力资源匮乏及人才供求不平衡等问题。为了解决这一矛盾，各旅游高等专业院校应该从国家战略和可持续发展出发来制订相应的教材内容更新计划。

而我国目前旅游高等教育的设置大多是按照传统的专业分类设置，以服务为宗旨，人才培养的目标和要求与社会需求之间存在一定差距。旅游高等教育专业设置偏重理论教学，与旅游业行业特点、企业实际需求和人才培养目标还存在一定差距。旅游高等教育在培养目标上没有突出应用性、实践性和复合型方面的要求，教学内容与社会需求还存在一定差距。当前，旅游高等教育专业主要还是按照传统"教学大纲""教材指南"和"教学计划"开设课程，没有根据社会需求、产业发展变化及时调整课程教学内容和教学计划，缺乏对学生创新能力、实践能力的培养。

（二）缺乏有效的旅游人才培养机制

旅游高等教育的发展与旅游产业的发展息息相关，只有建立起有效的旅游人才培养机制才能促进我国旅游业又好又快地发展。首先，中国国内各旅游高校普遍缺乏有效的培养机制，例如，一些旅游高校在对学生进行教学管理时只是简单地安排课程以及要求学生完成课堂作业，没有对学生进行专业知识方面的系统培训。其次，由于缺乏有效的培养模式，我国目前缺乏以市场需求为导向、以就业为导向来设置专业课程的教学模式。最后，教学方式单一，在教学过程中主要依靠教师讲授和课堂讨论，较少采用案例教学方法、实践教学方法等灵活多变的方式，专业设置不合理。由于旅游行业对人才具有较高的素质要求与技能要求，我国现有不少旅游类大学开设了与旅游业相关的学科基础课程和核心课程，但是缺乏有效教学管理制度、师资力量薄弱以及资金投入不足等问题，都制约着我国旅游高等教育的发展。

（三）缺乏强有力的国家政策支持

目前，我国旅游高等教育发展的国家政策支持力度不足，而在旅游高等教育发展过程中也缺乏明确的法律法规和政策保障。由于缺少相应的政策支持、资金投入等方面问题，我国很多旅游类院校在人才培养方面缺乏积极性，同时对人才培养质量也没有严格要求。此外，在我国很多地区还没有形成一套完整的旅游教育体系、专业结构，同时，缺少资金和政策支持等造成了旅游高等教育机构经费投入不足、师资力量薄弱、科研成果少等问题。在缺乏政策扶持下，我国部分旅游院校在教学中也没有体现出应有的专业性和职业性特点。虽然国家目前正在积极鼓励和扶持中国的旅游业发展与旅游业人才的培养，但由于缺少强有力国家层面的政策支持，旅游教育与国家实际需要的人才存在一定的偏差，旅游教育人才培养无法与旅游产业发展同频共振。

二、学校数量和招生规模偏少

虽然我国的旅游高等教育得到了快速的发展，但我国的旅游高等教育在数量和招生规模上都还不能满足旅游产业发展需求。其中，最主要的问题在于旅游类学校数量太少，难以满足产业发展需求。这也就意味着，我国旅游高等教育的发展存在着巨大的缺口。在这种情况下，如何实现对旅游高等教育结构的优化和升级成为当下我国旅游高等教育中亟待解决的问题。"以学生为中心"作为发展观念，以"质量至上"作为发展目标，是我国对旅游高等教育进行改革和提升的核心指导思想之一，也体现了新时期旅游本科人才培养目标。我国旅游院校的数量不断增加，但与此同时，招生规模没有相应增长。目前存在着学校数量和招生规模偏少情况，具体表现为：一是旅游类专业学校数量偏少；二是许多高校对旅游业的相关专业设置不合理；三是部分院校培养人才存在严重断层现象、缺乏综合素质高的旅游类专业毕业生。所以在未来很长一段时间内，我国旅游高等教育将面临巨大挑战与困难，也将在很大程度上影响着旅游产业发展速度和水平提升以及综合竞争力增强等各项工作正常运行和开展。

三、学科建设相对薄弱

在人才培养上，我国旅游业发展需要更多的旅游专业人才。但是，在旅游高等教育中所开设的本科教育专业相对较少。主要原因有：第一，由于我国旅游高等教育设置得比较晚，所以对旅游高等教育课程设置的要求相对较低，很少开设一些能够与社会发展需要相适应的课程体系。第二，高校开设了一些与社会需求相脱节的课程，其中包括休闲娱乐管理、数字文旅、智能酒店、资讯管理等，而某些当前社会亟需的人才类型，高校却没有开设相应的专业课程。第三，目前国内许多高职高专院校已经建立了一批旅游类专业学院或者学科点，但是这些专业学院或者学科点都缺乏相应的师资队伍和相应教学设施。第四，很多高校对于现有学科没有科学、合理地进行规划设计。这些高校虽然已经开始进行一些旅游类研究或教学活动，但并没有形成一套有针对性和系统性的规划。第五，学校对于自身优势学科未能做到科学系统地研究。在很多学校中往往只注重本地区或是本领域内的一些研究问题和成果，而忽视了对其他学科进行综合性研究和深入分析。第六，国内许多高校对于旅游教育专业人才培养缺乏实践经验与方法指导能力。

（一）旅游行业不断发展，对旅游人才需求不断增加

我国旅游行业的发展和壮大离不开旅游人才支撑，由于旅游业是一项综合性很强的行业，而在我国旅游高等教育中旅游专业人才缺乏，因此国内各大高校都有大量人才资源浪费的现象发生。随着旅游业的不断发展壮大，对人才的需求量也不断增加。但是，目前而言，我国旅游业的发展对旅游专业人才具有巨大需求，所以要想让旅业持续发展，就必须依靠高校的力量大规模培养高素质旅游业界所需的人才。目前我国的许多旅游院校都开设了相关专业并且开展了相关实验活动和实践教学活动，其中包括一些高等院校为了培养适应社会需要的人才而进行改革，如清华大学、浙江大学等；也有一些高等院校为了满足经济发展与社会需求而专门开设专业，如中山大学、天津大学等；还有其他一些高等院校则是针对某个地区或某些行业开设专业课程，如中央戏剧学院等；还有一些高等院校专门为社会各个阶层培养旅游人才开设专业，如中国人民大学等。

在其中也有一些院校仅仅将旅游业作为一个单一且主要领域进行研究并开设相应专业，还有一些院校则是只注重对某一个特定领域或某些特定人群进行研究，还有少数高校则是完全不开展旅游教育事业而转向培养某个行业所需人才。然而随着我国旅游业发展不断壮大和改革不断深入，对于旅游行业所需各类高素质、专业化旅游人才需要也不断增加。所以在当前情况下，我国必须加大旅游高等教育事业改革力度，以满足社会不断发展所需，从而提高旅游业对社会发展所作出的贡献。除此之外，国内许多高等院校没有相应专业课程体系、师资队伍建设与培养、教学保障体系等，导致当前国内高校对旅游教育工作缺乏系统性规划设计能力以及实践教学能力和方法缺乏等问题。

（二）旅游企业不断发展，对旅游专业人才需求越来越大

目前在中国从事旅游业的各类企业和机构的工作人员中，有一半以上是旅游管理专业人士，全国各类高职高专院校中开设旅游管理、酒店管理、会展经济与管理、市场营销和公共关系等旅游专业的高校数量已达100多所。此外，随着中国旅游业的发展与壮大，中国也需要大量具有文化底蕴与专业素养的高素质旅游人才。但我国目前旅游高等教育仍然存在着很多问题，由于高校没有

针对不同层次、不同学科的教学特点制定相应的教学大纲和科学的教学方法、手段。这种情况下，就会出现大学本科院校中专业设置不合理、专业课程与实践内容不能紧密结合等问题，这也就使得这些学校在进行人才培养时难以适应社会发展与企业需求。随着我国旅游业对人才需求不断增加，许多旅游高校培养旅游专业人才的能力变得不足。另外，许多学生毕业后直接进入酒店或是旅行社工作，这样就使得旅游高等教育难以真正发挥作用。现阶段，我国对旅游教育毕业生的培养缺乏系统性和科学性，仍有不少高校还未将学生毕业后的就业方向是否与社会发展相适应作为毕业生就业标准之一来进行评价和选择，在对毕业生就业要求上没有制定相应具体的标准来引导学生实现自身价值与社会价值，所以用人单位无法招聘到合适且有价值的人才。

在这种情况下，国内许多高等院校都纷纷开始建立旅游类学院，并且也相应地设立了学科点来培养相应的人才。这一举措为我国旅游业发展提供了新的人才，但是，由于旅游高等教育具有综合性、专业性和行业性的特点，因此对旅游高等教育人才的要求是比较高的。根据目前所了解到的情况来看，很多高校目前还并没有完全建立起一个系统而又科学的学科体系。为此，对于我国旅游业未来发展所面临的问题，要做好充分准备。由于我国目前对于旅游高等教育发展还处于一个起步发展阶段，在教学方法上缺乏一定的系统性和科学性，国内许多高校对自身优势学科缺乏系统性和科学合理规划设计，并没有形成一个有针对性与系统性的系统规划设计。虽然在我国旅游业中有很多具有特色的专业人才，但是由于其所开设课程相对较少，所以无法达到旅游高等教育需求中对人才素质的要求。很多高校都没有建立起一个具有自己特色且具有一定规模优势的学科体系。我国旅游高等教育目前存在着以上诸多问题与不足，但是从另一角度来说，这也是我们国家旅游业快速发展与人才需求不断增加所必须要面对和解决的问题。对于这些问题和不足，可以通过一定手段来进行完善和弥补，主要可以从以下几个方面来解决：完善教学方法以及相应专业建设；完善课程体系；对自身优势学科进行有针对性与系统性规划设计等。除此之外，关于我国旅游高等教育发展相关建议与意见如下：第一，在政策法规方面对高等旅游教育进行宏观调控；第二，在课程体系建设上应该加大投入力度；第三，对自身优势学科进行有针对性和系统性规划设计；第四，加大力度培养旅游专业人才，为旅游业发展输送更多后备力量；第五，加强人才综合素质培养以及相关专业学生心理素质、中国传统文化引领、智慧文旅等方面培养等。

四、学生就业困难

随着旅游业不断发展，旅游产业所占的比重越来越大，因此对旅游人才所提出的要求也随之增加。由于旅游业对人才需求量大，人才供需矛盾突出，所以在旅游企业中对人才需求有较高的要求。旅游是一个专业性强的行业，它需要的是专业知识比较丰富、知识面较宽的专业人员。但在中国旅游业中，旅游教育并没有引起足够的重视，导致了许多学生难以就业。从总体上看，目前国内旅游市场缺乏相应专业人才是一个不争的事实。中国旅游业已经发展成了一个有规模、具特色的产业领域，然而由于中国旅游业发展起步较晚、行业发展不规范等，目前国内旅游业缺乏相应专业人才。我国现在对旅游管理类、酒店管理类和商务类等三大领域相关专业课程设置并不是很合理，也没有形成一套相对成熟并且行之有效的培养方案。很多学校将旅游管理专业放在了工商企业相关专业后面作为二级学科来招生和培养学生，将其定位为培养适应于现代旅游业发展需求而设置的，开设方向不够明确，但把旅游管理类作为一门独立学科并从其他学科中剥离出来单独开设课程也不是很科学，将商务类专业与旅游管理专业合并培养也没有考虑到该专业学生毕业后所面临工作环境和工作内容方面较大差异所带来的问题。这种做法使一些学生在学习期间就开始考虑就业问题并在毕业后面临着较大的竞争压力。由于国内旅游业与其他行业相比起步较晚，在人才培养上与国外比较有很大差距，所以国内目前大多数旅游教育院校不能提供一套相对成熟并且具有可持续发展能力和竞争力的人才培养方案。这种单一培养模式无法满足国际市场、国家及社会对人才多样化、个性化、专业化等方面要求。

中国旅游教育还处在起步发展阶段，理论与实践完全结合的教育模式尚未形成，使得学生在学习期间缺少一定的针对性和实用性，许多学校的旅游教育模式不够科学，很多老师的理论知识比较丰富，但缺乏实践经验。目前我国旅游管理人才培养方式以"四段式"为特征：即高职高专、本科学习、研究生阶段和博士阶段分别用 3～4 学年时间进行系统理论知识的学习，然后在 3～4 学年内进行旅游管理人才的专业知识系统训练。这种教学模式的弊端在于只注重培养了旅游管理专业人员的专业能力，忽视了学生全面发展所需要的综合素质培养。虽然可以使学生较快地掌握专业知识，但却不利于学生创新能力和创新意识的培养。但由于这种模式只注重专业理论知识和专业技能方面教育，缺乏实践和"实战"方面教育，因此许多学生在工作中缺乏经验而不能很好地发挥自己的能力。此外，这种模式也缺乏一定科学合理、循序渐进的教学计划，从旅游管理教学实践来看，国内旅游本科教学基本上采用的是以讲授式为主，而国外在这方面有较多经验可供借鉴。国外对旅游专业硕士研究生的培养方式与国内不同，国外实行导师制（相当于国内导师制），一般每门课都有相应老师来负责指导学生在上课期间应该掌握什么知识以及怎样运用这些知识。例如一些旅游管理硕士研究生要到国外参与实际项目实习并到国外旅行社、旅游集团挂职锻炼。这种模式使一些学生能够充分接触到国外旅游业所遇到的各种问题并能较快地掌握相关知识和技能，这也是该模式的优势所在。从以上可以看出，我国现阶段旅游业发展所需要专业人才存在许多问题需要解决。

由于高校旅游专业设置多以本科为基础，其相关专业人才培养方案与实际行业发展要求不相符合。我国高校旅游专业人才培养模式不能很多地适应社会发展的需求，导致许多本科毕业生难以就业。因此，我国目前旅游教育应结合市场需求，对现有人才培养模式进行改革和创新，并加强旅游人才国际化教育的发展。国内旅游业的快速发展对专业旅游人才的需求量越来越大，然而当前我国在这方面的专业人员比较缺乏。中国目前在旅游业中需要掌握丰富专业知识才能在市场上立足并拥有竞争优势，但由于国内旅游与国际市场接轨的速度相对缓慢，国内旅游业出现"水土不服"现象。目前国内大多数旅游专业院校所开设的课程也不太合理，为了使中国旅游业能更好地发展，我们应该结合目前社会发展需求来调整和完善旅游人才培养方案和课程设置、并加强与国际市场接轨的速度。此外，从目前国际旅游业来看，我国在许多方面都处于落后地位，造成了我国旅游教育难以满足世界旅游业的发展需求这一现象出现。

在未来几年内，中国对旅游人才的需求量会随着中国社会发展而不断增长，因此，加强对中国教育中相关人才培养方案的研究和探索将成为当务之急。我们要从多方面着手改善国内旅游业人才培养模式不足所造成的弊端并对其进行改革与创新：首先，在课程设置上应该注重多学科融合、突出培养学生综合能力这一特点；其次，通过引进国外先进教学经验、注重教育改革等措施来优化现有课程内容与完善专业课程体系；最后，通过提高师资力量、加大教育经费投入力度等措施来改善现有教学质量并加强教育实践能力培养。随着旅游业和其他行业不断向国际化发展以及对人才规格要求标准逐渐提高，在今后几年内，国内旅游业中人才培养模式必须不断改进和完善，并建立一套完善的旅游管理教育体系，为适应社会经济发展速度对旅游业人才需求趋势增加而进行专业结构调整，为促进中国经济发展速度和现代化进程中旅游业快速增长提供坚实有力的人才保证。我国有许多高校开设了旅游管理类专业以适应社会经济与文化发展趋势，并进行教学改革与创新，但随着我国经济的不断发展，迫切需要大量高级管理类与服务类岗位人才，为增强学生竞争优势使其更具竞争力，在现有课程设置中也应适当增加一些能够体现未来市场需求、适应社会发展需要且具有国际竞争优势的专业课程。

由于缺乏系统的理论教学体系，学生在毕业后难以找到适合自己的工作，从而造成了目前我国大学生就业难这一现象。例如，旅游管理专业的开设时间较早，在国内是比较早从事旅游行业的。但在我国旅游业发展过程中，旅游管理专业一直未被重视，从而导致了我国旅游类大学生就业难这一问题的出现。我国的旅游业主要以休闲、度假为主，旅游业是一个非常需要人才的行业。而旅游产业中缺乏大量具有专业知识、实践能力和创新意识等综合素质较高的人才。近几年随着国内经济增长速度有所放缓、经济结构调整加快以及劳动力市场需求总量减少等因素影响，就业市场竞争压力增大，从而使得国内许多高校开始注重人才培养模式改革。同时，因为国内旅游业的不断发展和对相关人才需求增加、行业发展前景良好等因素，我国旅游高等教育开始逐步走向成熟。目前我国大学生就业问题已经成为社会上普遍关注的问题之一，在我国目前大学生就业竞争激烈的情况下，很多学生都难以获得好工作。随着市场经济对人力资源以及资金等各方面要求提高，大学毕业生人数增多造成了中国大学生就业难这一现象出现。如今大多数企业在选择员工时都会对其综合素质以及工作能力进行考核，但由于大部分高校毕业生并不能全面地掌握相关专业知识，学生就业难这一问题出现了。

现今中国大学生很少会遇到一些来自其他学校同学的竞争和威胁，有很多招聘单位都喜欢录用应届大学毕业生而不是通过社会招聘渠道来招人。近几年国内创业热潮逐渐兴起，在旅游高等教育发展中也出现了很多学生创办的创业企业。在未来很长一段时间内，中国旅游业都将会面临着许多发展机遇和挑战，在旅游高等教育中如果能够充分发挥各方面的优势以及资源和条件优势，那么中国旅游教育将会成为更具竞争力的高等教育体系中之一。但是就目前来看，这还只是一种理想状态，虽然中国已经有部分高校开始涉足旅游业或者是旅游教育领域，但是由于起步较晚等，目前中国旅游业尚未形成系统教学体系，培养模式单一、教学资源匮乏等问题依旧存在于我国旅游业中，对大学生需求大但毕业生难就业这一现象也很普遍。随着现代社会不断发展以及科学技术水平进一步提高，人们对于旅游的需求越来越多，这使得旅游行业对人才提出了更高要求，而这也正是我国大学生在毕业后就业难这一问题出现的主要原因。

第二节 我国旅游高等教育存在的问题

我国旅游高等教育存在的问题比较多，主要是管理体制、办学模式和人才培养体系等方面的问题。旅游高等教育应该结合实际，根据我国国情，制定相应的发展战略并积极加以实施，旅游高等教育的发展需要建立一种全新的办学模式和一种全新的人才培养模式。这就要求我们在实践中不断进行探索和研究。旅游高等教育作为一个新概念，是随着现代旅游产业对人才素质的要求而提出的，为此，要根据不同时代、不同区域以及不同高校所具有的不同办学条件、特点和条件去进行分析研究，才能找到适合我国旅游业发展需要并且具有中国特色和世界水平、适合我国国情而又具有时代特点的旅游高等教育模式。

旅游高等教育教学质量是学生能否顺利毕业、能否得到高层次教育至关重要的因素。要提高培养学生综合素质的能力，即从"教"转到"学"上并提高教学水平，这就要求提高教师队伍素质和专业教师队伍素质。旅游高等教育要在师资队伍建设上进行改革，一方面要引进、培养师资；另一方面要改革人才培养模式及管理体制，加强教师教育和在职学习。与此同时还要重视教育思想及价值观、职业观的更新与发展，努力提升学生人文修养与综合素养。总之，要在全面贯彻党和国家高等教育方针政策中加强旅游业高等教育教学改革，不断提高旅游学科及相关专业办学水平和人才素质。

一、对旅游教育缺乏正确认识

我国旅游高等教育的发展，首先需要正确认识自己的地位。从历史上看，改革开放以来，旅游业作为经济创汇的重要部门进入全面发展阶段，旅游业在我国作为产业的地位得到确立。1979 年，第一所旅游高等学校——上海旅游专科学校正式建立并招生，这标志着我国旅游高等教育的诞生①。

随着改革开放的深入发展，旅游在我国从"副业"变为"主业"，旅游业也得到了迅猛的发展。截至 2022 年 12 月 31 日，第四季度全国旅行社总数为 45162 家，全国共有各类星级饭店 6465 家，国内旅游共 25.30 亿人次②。但令人遗憾的是，目前我国旅游高等教育在学科建设、人才培养方面存在很多问题：有的高校把自己当成旅游高等教育的主体，而忽略了其他学科对人才培养工作的支持和服务，学科专业间交叉培养较少；有的高校将本、专科院校中与旅游业相关的学科和专业作为自己发展的重点，忽视了高职高专学校和研究生教育对本、专科院校建设起到的积极作用；此外，还有不少应用型本科院校将与旅游业相关的专业作为重点来建设，而对旅游教育缺乏正确的认识。以上这些已经成为现阶段导致学生"就业难"的重要因素。目前我国旅游业一直以来存在的关键问题为行业认同感和就业对口率较低。旅游相关专业本科层次的毕业生就业对口率相对较低，仅在 10% ~ 20% 之间，专科层次毕业生就业对口率与本科相比相对较高，保持在 50% 左右，但两年以后便都会降到 10% ~ 30%③。而对于一个大学毕业生来说，如果找不到工作的话，就意味着其前途渺茫。"旅游专业就业难"和"旅游专业就业率低"有很大关系，很多人把"旅游专业就业难"归咎于旅游行业本身。而实际上，随着时代发展和社会进步，旅游业已经成为一个比较成熟、比较稳定的行业。而且旅游业在我国经济中所占的比例也是越来越大的。与其他行业相比，旅游业已经成为国民经济发展重要的支柱产业之一，正以越来越快的速度持续发展着。"这几年来学校生源质量有所下降""旅游管理类专业就业率不高"等问题也都说明了一个问题："就业难"已经成为制约旅游产业发展的一个主要因素。

在这种情况下，对学生个人而言，还是应该树立一个正确且长远的观念来看待就业前景及其工作单位。从长远角度来说，选择什么样的行业、单位都是有风险的，只有当学生能对自己将来从事什么行业、单位有所了解后，才会去选择自己喜欢并适合自己能力水平及发展方向的行业和单位。而对于学校来说，则要根据社会经济需要对教学方式进行改革并调整教学内容，以适应市场需要为出发点来制订教学计划以及进行授课。另外，还有一个不可忽视的原

---

① 李丽娜. 中国旅游高等教育的反思与重建 [D]. 济南：山东师范大学，2012.
② 中华人民共和国文化和旅游部，https://www.mct.gov.cn/.
③ 陈晓威. 高职旅游管理专业毕业生就业影响因素研究 [D]. 兰州：西北师范大学，2022.

因，就是目前很多学校的教学方式、教学内容与社会发展的要求存在一定差距。以旅游管理专业为例，学生毕业后会面临很多选择，例如到旅行社、旅游集团公司去做旅游业务管理，到星级酒店去从事客房服务或者是在导游的岗位上从事导游工作，到景区去做业务管理等。而这种工作与其所学专业往往有很大的不同。因此，在培养学生时应该注重其与本专业相结合或更贴近社会实际需求。在教学方式上也应该有相应改革，如将授课式教学改为案例教学法、增加一些社会实践、利用假期进行社会调查、增加智慧文旅知识等。通过这些方式培养学生适应行业需求的能力，可以说，旅游专业学生应该具有比较强的综合素质能力，与行业发展特点相结合。从长远角度来说，旅游从业人员应该具有创新精神并能为其所在单位带来一定价值。旅游业是个朝阳产业，随着时代发展以及人们生活水平的提高，人们越来越关注旅游产品和服务，同时旅游业所带来的经济效益也日益显著。现在很多企业都在积极培养人才并提高其职业素养、道德水平以及社会责任感等。旅游业本身还具有很强的流动性、不可预测性及不可控制性等特点。

二、人才培养模式落后

我国高校旅游管理类专业毕业生就业形势严峻、供需矛盾突出。从整体上看，我国大部分高校的旅游人才培养还处于起步发展阶段，许多课程设置还很不合理，缺乏实践性的环节。目前我国旅游教育最大误区就是将高等专科院校中培养应用型人才的目标定位在本科层次，这一点尤其需要引起我们关注和重视。很多大专院校在学科建设、专业设计中存在重理论轻实践、重专业知识轻人文素养、重教学法轻学生兴趣的现象。而许多高等院校在人才培养上也是这样，有些学校虽然有自己特殊的培养模式和方法，但由于师资力量等方面并没有得到充分的体现：很多学校在培养应用型人才目标上定位不够准确、具体与实际脱节；有些教师缺乏实践经验并缺乏必要的实践机会；同时这些教师自身也存在诸多问题。

（一）人才培养的定位不明确

我国旅游高等教育的发展历史较短，而且旅游高等教育的发展也经历了从最初注重专业建设、强调教学与科研并重，到如今注重应用型人才培养的过程。但是与其他行业一样，旅游行业的发展并不是一夜之间完成的，而是一个长期缓慢发展的过程，其对人才需求也是一个长期不断积累、不断完善的过程。我国旅游行业对人才需求与培养模式并没有形成一个相对稳定的框架。

目前，我国旅游高等专业教育虽然已经发展到了一个新的阶段，但它并没有对旅游人才的培养提出新的要求。由于旅游人才培养和其他专业人才培养之间存在着许多共性的问题，所以，在高等教育课程设置上，旅游类与管理科学类课程应形成相互渗透、相互联系的关系。因此，对于旅游高质量人才的培养，除了专业知识和技能的学习之外，还需要在人文素质和文化素养上进行补充。同时也应该看到，旅游高质量人才培养对于社会需求也提出了更高的要求。旅游高等职业教育是指高等专科层次院校中开设的有一定专业方向、能够开展高层次技术技能培训的专业教育。从理论上讲，高等职业培训应是一种对普通中等文化程度以上公民进行技能培训和素质提高教育的手段与方式。为此，对于高等职业院校来说，加强对旅游类专业人才培养是当务之急。

（二）人才培养结构不合理

目前，我国旅游高等教育的专业结构中，专科层次的学校多，本科层次的高校少。专科层次的院校普遍以培养"旅游＋"技术型人才为主，应用型本科院校则多以培养"旅游＋"应用型、复合型人才为主。由于受到办学条件、生源等方面的限制，我国旅游行业形成了专业发展不平衡、学科分布不合理的局面。截至 2016 年，全国开设旅游管理类本科专业的普通高等院校 604 所，开设旅游管理类高职高专专业的普通高等院校 1086 所，开设旅游类专业的中等职业学校 924 所①。

我国旅游高等教育中，本科层次仍占绝对优势。据统计，我国高等教育院校中只有 1/4～1/3 拥有与旅游业相关的学科，只有 20%～30% 拥有与旅游业相关学科的专业设置，在许多应用型本科院校中这一比例更低②。因此，目前我国高职高专教育以及研究生教育也出现了很多薄弱环节和不足之处，我国目前有许多高职高专和一些应用型本科院校开设了与旅游行业相关的专业，如旅行社管理（导游方向）、饭店管理（餐饮方向）、旅游管理、酒店管理、会展经济与管理、旅游管理与服务教育等。但在培养过程中按学科分设班级，在课

① 中华人民共和国文化和旅游部 . 2016 年全国旅游教育培训统计［EB/OL］. https：//zwgk. mct. gov. cn/zfxxgkml/tjxx/202012/t20201213_919234. html.
② 陶蓉蓉 . 乡村旅游业升级中的艺术介入研究［D］. 南京：南京艺术学院，2022.

程设置上偏重理论教学而忽视实践教学，例如旅游专业本科课程中开设的主要是《旅游概论》《酒店管理概论》《饭店经营与管理》等，但这些教材在理论联系实际上还需加强，应增加培养学生的职业素质、实践能力强的课程，高校应自编一些实践性强的校本特色教材，如旅游咨询、智慧文旅等。同时，在教学方法上也是采用"填鸭式""满堂灌"等不利于学生学习和实践能力发展的教学方式。虽然现阶段不少高校已开设了有关旅游教育以及旅游管理方面的专业课程，但这些应用型本科院校与高职高专学校相比仍数量不多。

随着世界旅游业快速发展，各国对旅游业的重视程度日益加强。一些国家已把旅游列入国民教育中，有的国家已在高等教育的本科阶段设置了有关旅游方面的专门课程和必修课程。因此，在旅游高等教育中应注意加强应用性、实践性教学环节，从而培养学生实践能力，以适应社会对人才培养目标提出的新要求。

（三）缺乏与行业需求相适应的专业

从目前我国旅游高等教育的发展现状来看，缺乏符合行业需求的专业，一方面表现为学科结构不合理，没有形成系统的学科体系；另一方面表现为专业设置不合理。旅游管理和营销专业数量过多，而实际情况是教学和研究工作都很少，师资力量薄弱。据统计，全国有 190 余所高校开设了旅游管理类专业，有 2000 多个旅游管理本科专业和 100 余个旅游管理硕士专业[1]。其中大部分是近几年增设或合并的，也有部分高校没有相应的旅游本科或专科、研究生专业及数量。由于旅游人才缺乏，我国在国际竞争中处于劣势。此外，在培养方式上也存在着一些问题：一是学科建设上缺乏合理的学科结构。各高校都没有形成学科交叉体系和学科群，不少高校学科交叉与教学脱节，有的学校将课程设置与学生就业挂起钩来；有的高校还在本科阶段就设立"旅游管理"这样一个二级学科；还有的高校虽设置了"市场营销"这样一个二级学科，但没有对该硕士点及博士点进行科学规划。二是办学条件上存在问题。由于我国旅游业发展很快，许多院校没有及时更新设备设施和教学条件等。三是师资队伍建设上存在问题。一方面师资力量薄弱、专业结构不合理、缺乏高层次人才培养目标的制约，另一方面则缺乏科学而系统的师资培训体系和相应的激励机制。

---

① 赵静燕. 山东省职教高考新政下中高职旅游管理专业课程衔接研究 [D]. 济南：山东师范大学，2022.

四是经费投入不足，影响了学科建设效果。

（四）缺乏具有国际视野的人才培养方案

我国旅游高校的人才培养目标是什么？有人认为是要"德才兼备""五育并举"，也有人认为是要"精通一门或几门外语"。但事实上，这两个方面都不能完全涵盖旅游与酒店管理人才的实际需求。从专业培养目标来看，我国高校开设的旅游管理学专业偏重知识传授、技能训练和服务技能训练；而国际旅游管理、饭店管理专业侧重于理论知识和管理技能的培养，同时还强调职业教育。因此，从培养目标来看，我国高校旅游高等教育应以培养具有国际化视野、德智体美劳兼具的高级旅游管理人才为目标。

随着全球化时代的到来，社会经济的快速发展对旅游业提出了新的要求，目前许多高校都将其作为一个独立学科来建设。但是，这并不意味着它们就可以脱离现实和社会需要而自行其是。事实上，随着旅游业国际化进程的加快以及旅游业在世界经济发展中所发挥的作用越来越大，世界各国对从事旅游职业的专业人才都提出了较高水平的要求。

三、忽视学生社会实践能力

我国高校旅游教育在重视理论知识教学的同时，更强调培养学生具备独立从事旅游行业工作的能力和素质。这种培养模式是符合我国旅游业发展需求的，但由于缺乏科学系统的教学方法指导，忽视了学生社会实践能力的培养，很多高校的学生对旅游业知之甚少，严重制约了旅游行业的发展。比如对于一个大学旅游管理专业毕业生来说，旅行社经理应该具备什么素质？酒店经理应该具备什么素质？这些问题都是旅游行业从业人员所关注的，而目前高校旅游教育忽视了这些方面，使得人才培养脱离实际。

（一）在理论教学中，学生脱离社会实践的现象非常普遍

在高校旅游专业教学中，教师一般只对课程内容进行了讲解和说明，很少详细讲授实践环节，也很少安排学生参加社会生产劳动。学生虽然知道旅游专业在社会上的重要性，但却没有多少实际体会。

例如，对于旅行社的管理，有的学生说："我从来没去过旅行社，更别说当经理了。"有的旅游管理专业学生连市场营销都没有接触过："我们学校开

设的旅游市场营销课都是让我们背一些理论知识，我怎么会对市场营销有了解呢？"还有的学生说道："旅游资源我都不知道怎么去开发利用，我该怎么办啊？"这样的话更是让人感到非常遗憾。这些现象表明，我国高校在旅游专业教育中对学生进行社会实践培养的力度不够。旅游管理专业教学中的社会实践环节不足，导致学生专业知识难以应用于社会实践活动中。因此，必须重视培养学生的能力，使其能够真正适应旅游业的发展，使学生成长为适应社会经济发展和现代化建设需要的高素质、高技能旅游人才。旅游管理类专业毕业生应具备以下几方面能力：（1）对旅游行业发展有一定的了解和认识；（2）能够将所学专业知识运用到实际工作中；（3）具有从事旅行社、星级饭店、景区等旅游企业工作管理的能力；（4）有一定组织、管理和创新能力。

　　旅游管理类专业学生要想在就业市场上取得竞争优势，不仅要扎实系统地掌握本学科专业知识，而且还要不断提高与拓展专业知识结构体系。从整体上来说，旅游管理类专业学生具有良好的综合素质。而这些素质是建立在旅游管理专业知识基础之上的。只有扎实系统地掌握本学科基础知识和专业应用才能成为一名合格的旅游业从业人员。但是在实际教学中，由于旅游管理专业涉及理论知识面广，很难做到面面俱到、重点突出，因此在教育过程中必然存在重点和难点把握不好等问题。

　　（二）在实践教学中，旅游教学内容与实际脱节

　　由于旅游是一门实践性很强的学科，它的教学与实践紧密联系在一起。目前在我国旅游高等教育中，教学内容以理论知识为主，忽视了社会实践能力的培养，使学生缺乏亲身体验、感悟能力，如果没有一定的实践经验和一定的操作技能，就无法适应工作需要。从现实情况看，我国旅游人才培养中普遍存在理论与实际脱节的问题：如高校在教学中忽视社会生产生活中发生的各种现象和事物，导致课堂教学内容不能反映学生真实需要；高校在培养学生时没有充分考虑旅游行业对人才素质需求而单纯重视理论和知识，使学生无法获得符合实际工作要求、具有独立解决问题能力和创新能力的知识结构，造成了学生实际操作能力不足，培养出来的人才对旅游业了解的深度不够、适应面不够宽，从而严重制约了旅游产业发展，使得旅游高等教育人才培养与快速发展的旅游产业发展不能同频共振。

四、缺乏对职业素质和创新能力的培养

在旅游行业的竞争中，最重要的是对人才的竞争，而人才主要来自对其职业素质、实践能力和创新能力的培养。目前我国高校旅游专业毕业生整体上职业素质与高校培养目标相符，但职业素质、实践创新能力突出的占少数，这不仅影响了企业对高级文旅人才的需要和社会对人才的需求，也阻碍了旅游行业自身高质量发展。

从学生的学习情况来看，不少大学生对自己学习旅游管理专业知识后从事的工作不感兴趣，认为自己在学校所学内容太简单，而没有从更深层次上去理解所学内容与自己将来实际工作中遇到的问题之间的关系和联系。有些学生毕业后不能很快适应旅游业发展需要，甚至不愿意从事旅游相关工作。

从实践看，我国高校开设了旅游管理专业、酒店管理专业、会展经济与管理、旅游管理与服务教育等本科层次的旅游管理类专业。这些专业方向是为适应旅游业发展需要而设置的，由于学生缺乏实践经验而难以将所学学科基础知识运用到实际工作岗位中。

从创新和创业方面看，我国高校旅游人才培养体系中缺乏创新能力和创业意识培养。很多高校虽然开设了旅游创新与创业课程并开展了一些实践活动，但主要是在理论上进行引导和训练，没有充分发挥学生对学习内容的理解、想象、联想、发散思维等，创造性思维活动在其中未发挥积极作用，得到国家级和省级"双创"教育成果偏少。

从学生就业情况看，许多高校重视对学生进行专业理论知识教育和技能训练。由于社会上一些人片面地认为"大学生出去后没有什么出息"，所以一些大学毕业生就有了更多的"择业"机会，一些旅游院校在旅游专业大学生就业方面存在着严重问题。从学科设置来看，目前我国旅游学科发展不平衡。有的学校只设立了旅游业管理这一学科，有的学校虽然设有这一学科，但其他有关专业尚未开设相应课程，有的学校虽然有了这一学科并且设置了相关专业课程但是没有进行系统的教学，还有不少学校虽然开设了这样那样的课程并且对这些课程进行了理论上的研究，但未联系实际。

从教师素质看，我国高校旅游教育中有不少教师是在原高等院校中担任着教学任务、在新开设或刚刚开设该专业时从事过教学工作或者只是在本校任教过。

从教师队伍看，现有高校旅游师资不足问题比较突出。由于旅游管理是一门综合性很强的管理学科，涉及经济、管理、外语、法律、文学等多种学科知识，能力要求较高，同时又需要从事旅游服务与经营管理等工作和具有一定外语水平，因此必须有相应的教学研究队伍负责组织协调教学工作和指导旅游人才培养等方面工作，还需要掌握一定英语知识，但目前高校师资队伍中这类教师比例过低。

从教学经费看，不少学校对旅游教育比较重视，但对学生实践能力培养和创新意识培养则不够。一些高校虽然设立了相关学科或专门机构负责培养学生的创新能力和创新意识，但经费投入不足等也造成了这一问题的发生。学校与社会对人才培养目标要求不一致以及社会经济状况不稳定等因素，造成学校与社会在实践方面出现脱节。同时，缺乏资金投入和政策支持等也导致教学质量下降以及教育资源不能得到有效利用等问题。

总之，导致上述问题发生、形成的根源是多方面的：一方面是学校教育目的没有真正体现培养人才所要达到的目标；另一方面是教学模式陈旧、缺乏灵活性导致了人才培养质量低下和创新意识不足。同时，社会需求变化和经济社会发展对旅游业发展未提出新要求，造成学校与社会脱节也是重要原因之一。

五、师资队伍整体水平不高

我国旅游高等教育是在传统教育思想影响下产生的，教师队伍的整体水平不高，教师缺乏实践经验。从某种意义上说，没有一支高水平、高素质的师资队伍是制约我国旅游业发展的瓶颈。

（一）教学模式不够完善

我国旅游高等教育的教学模式，既存在与国外教育相似的地方，也存在着很多与国内不同的方面。例如，许多大学都强调学生学习知识的"实用性"，但对培养学生学习能力的重视程度很低。国内旅游高校普遍缺乏完善的教学模式，教师在传授知识给学生并使之掌握方法技能时都是按照教材进行授课，没有结合实际情况灵活地使用教材和运用教学方法、手段进行教学。另外，国内很多高校的旅游课程设置都有自己的特点：有的将课堂教学和实践教学有机结合起来；有的设置"导论课""导游实习课"；有的把课堂变成"实习周"；有的开设了一些实践性很强但不太受重视的课程。

这些课程的设置也存在着不合理之处，如有些教学内容过于理论化，有些教学内容过于重视实践操作环节，有些教学内容在教学中的比重过大等。目前国内旅游高等教育的模式多是传统的课堂教育和"实践"教育相结合，学生在接受传统教育时就已形成了较强的学习能力与知识体系。但在实际工作中，很多学生都发现他们并没有把所学知识很好地运用到工作中去，也没有意识到"学以致用"这个道理。造成这种情况的原因在于：学生只是把学习作为一种应付考试和取得文凭的手段而已，并未把学习当作一个重要而长期的任务。另外，传统教育注重"知识"教学、"记忆"教学，而忽略了"能力"和"应用"教育，这种模式培养出来的人往往只是学习过理论知识而没有将其运用于实践和工作中去；同时，学生在工作学习过程中还缺乏对相关知识进行及时总结和反思的能力。

因此，为了更好地培养旅游专业人才，国内旅游高等教育应该注重对学生综合素质与能力以及对现代科学技术和社会需求发展趋势等方面知识和能力的培养，以及在实践中学习、总结及反思能力的培养，这是传统旅游业向现代旅游业转型过程中人才培养需要注意的一个问题。传统高等教育重视对人才知识技能及综合素质方面的培养，而现代科学技术发展要求高校为社会培养更多"应用型、复合型、专业型"人才。目前我国旅游高等院校也越来越重视应用技术型人才培养（应用型、复合型等）这一方面。在旅游高等院校毕业生中，有相当一部分毕业生不能很好地适应社会需求而找不到工作，其主要原因是：这些毕业生在大学里所学专业知识与现代社会所需能力不相适应；他们没有真正掌握扎实专业知识基础及技能；缺乏运用所学知识分析问题、解决问题的能力；与社会脱节严重；学生在学习期间没有掌握与其专业相应的计算机及外语等技能和素质。

虽然一些院校在旅游学科实践环节设置了旅游专业实习，但在具体操作中还是存在着诸多问题：比如实习大纲、培养方案、实习报告、毕业论文等环节都是由教师包办代替学生完成；学校也没有对学生进行培训；甚至还有些学校将学生安排到旅行社去进行实践。旅游高等教育应该重视提高实践动手能力，让学生到实地去观察感受，培养他们的实际动手能力和处理问题的能力。另外，很多高校也有不少旅游管理专业都设置了许多实践性很强但理论性较弱的课程，如市场营销、饭店管理学、酒店管理等。

在实际教学中应重视实践环节对学生能力和素质培养的作用。为更好地满足现代旅游业对人才的需求，高校教学应该努力提高旅游学科在专业人才培养中的地位，同时要改变过去我国在传统上对旅游专业人才培养模式存在的不足，将其与现代旅游业发展相结合。首先，必须大力发展高校现有的旅游专业以及相关师资队伍，提高教师的教学水平和能力，将更多有经验且富有创新意识和奉献精神的人员充实到教师队伍中去。其次，应该提高学生对现代旅游业发展趋势及特征的认识。这就要求旅游管理教学过程中加强对学生关于旅游业发展特点和趋势的宣传。比如可以让学生到旅游景点去进行实地考察，了解其建设及运营情况等。最后，还应该加大实践力度。对于实践课来说，很多教师都是采取讲授式方法向学生们传授理论知识。这种方法虽然可以使他们更好地理解课堂内容并掌握所学知识，但同时也容易让其产生厌倦心理和厌学情绪。因此，在实践环节中更应该注重学生对理论知识的应用情况以及实际操作能力的培养。为提高旅游管理专业人才培养质量，可将实践性教学贯穿于整个教学过程中。同时，在实践过程中应注重结合实际问题进行分析讨论等，通过课堂讲解、参观考察、社会实践等多种方式来加强学生对于旅游管理所涉及领域知识理解和认识，要培养学生具有创新意识和开拓精神。

（二）教师队伍不平衡

目前，在高等教育层次中，本科和高职高专所拥有的教师人数虽然不少，但相对于旅游教育规模庞大、层次复杂、专业性强、人员流动频繁的特点而言，其教师队伍仍然是很不平衡的。旅游高等教育在我国还处于起步阶段，还没有形成规模。我国旅游教育发展很快，但发展中仍存在着许多问题。如旅游人才培养质量参差不齐，师资水平低，办学层次偏窄，缺乏学术带头人等。

从当前旅游高等教育的总体水平看，国内许多高等院校在旅游教育上是很不适应的。例如，在学校体制上与中国科学院、教育部、住房和城乡建设部相分离，办学经费来源单一，办学条件较差等。但是，与发达国家相比，我国高等教育机构的管理体制比较灵活和开放。随着我国旅游业快速发展和国际地位提高，我国将旅游业作为支柱产业并对其给予了很大支持。

同时，我国各高校都重视学科建设和师资队伍建设，在一定程度上造成了我国高等教育资源分配不均和教师流失等问题。我国高校中存在着教学内容不能与国家发展趋势相适应、教学模式落后导致学生实践能力差等问题。

旅游教育是一门实践性很强却又不是很成熟完善的学科领域。这就要求我们在进行课程设置时考虑学生所处行业领域和岗位需求等实际情况。所以旅游专业课程应该是既具有很强实践能力又有一定理论深度和广度和综合性、交叉性以及创新性的学科体系。旅游院校教师应该具有很强理论联系实际意识和较强科研能力；能把教学实践中积累起来的经验结合到学科课程体系建设中去；还应该具有一定理论基础并能将这些知识运用到实践之中。另外，还要加大教师队伍培养力度，培养一批能够适应旅游教学发展需求、具备高水平科研能力、掌握现代教育教学手段的教师队伍。

在以下方面我国做得还不够，一方面是教育主管部门对旅游学科建设缺乏宏观指导；另一方面是各高校在专业设置中存在诸多问题：许多高校没有按教育部有关文件规定开设旅游管理专业或将该学科作为一级学科来设置；一些高校在教学组织方式上采取"小而全"或"大而散"模式等；另外，师资队伍不足，其中既有院校领导观念上、认识上不到位、学校体制机制不健全的原因，也有教师素质不高以及管理不善的原因。

总之，要在大力加强教育改革、培养高素质应用型人才、推进高等教育大众化方面作出努力，并不断改革现有教育体制和教学管理制度等，建立适应新时期要求和旅游人才需求特点变化、与现代教育理念和科学体系相结合、与高等教育管理体制和机制相适应的中国特色教育体制和模式。

六、教材内容陈旧，实践性不强

旅游高等教育作为一门独立的学科，是随着旅游产业而产生的。我国旅游教育经过半个多世纪的发展，已经有了较大范围和较高水平的教学实践。但在这一过程中，我们也发现了许多问题，如教学内容陈旧、偏重理论教学、实践教学不到位等。首先，由于我国现行的教材过于陈旧落后，教材编审单位在修订教材时，对教材内容进行了大幅度的删减或修改。如"饭店管理"改为"饭店经营管理"，"酒店管理"改为"酒店经营管理"，"餐厅管理"改为"餐厅经营管理"，"餐饮接待服务"改为"餐饮服务"。其次，因为旅游专业与旅游市场联系密切、就业面广，所以在专业教学中要加强实践教学，特别是注重学生社会实践能力的培养。

目前旅游行业中的一个突出问题是大学生就业难，其主要原因是大学教育和职业教育脱节。目前我国高等教育仍然是按一年一个学期招生，不分批次进行，这样导致学生在大学学习时往往只注重理论知识的学习而忽视了社会实践能力的培养。调查统计数据显示，目前我国大学生就业难有60%以上是由于没有进行过社会实践和社会兼职工作；40%以上学生在毕业后找不到工作；30%以上企业表示招不到合适的人才；50% 以上用人单位表示缺乏足够的人才①。

　　解决这一问题最有效的方法就是加强社会实践能力培养。从学生自身而言，就需要加强理论学习和实践锻炼，例如大多数酒店对员工要求很高很严，除了需要掌握一定的理论知识外还要熟练掌握各项技能和礼仪等。从行业发展角度看，就要充分发挥各企业的优势，为大学生提供社会实践机会，使大学生通过学习和实践来提高自身素质和就业能力。这不仅是旅游行业企业对学生的要求，也是学生对自己的要求。这一方面可以增加学校对学生专业知识教学与实践能力培养之间关系的认识；另一方面也有利于学校根据市场情况调整教学内容，培养适应不同需求的人才。通过实践观察发现，在酒店实习时很多学生到旅游管理部门工作后，工作态度不端正导致不能很好地完成工作任务；同时由于没有接受过实际工作锻炼而导致实际动手能力差。此外我们还发现，有的学生刚到酒店工作就被安排接待外宾，从而形成了一种"端着架子"和"摆着谱"现象。总之，对于旅游专业大学生而言，应注重社会实践能力、社会实践经验和职业素质能力培养。

　　从总体上来看，由于旅游业快速发展，没有给我国高校的教育改革提供更多的经验。此外，旅游行业的特殊性导致其并不能在高校中进行较为完善的教育体系改革。例如，在旅游专业人才培养上，很多高校所设置的课程就是较为普通的课程。另外，旅游业的发展使得许多高职院校也需要进行相应的课程改革。由于高职院校教学中往往缺少实践经验，所以很多高职院校也没有系统地对自身优势学科进行发展与规划设计，从而使得其在人才培养方面与社会的需求脱节，部分高等职业教育并不是在高校内部进行系统建设与规划，所以也导致这些高职院校并不能够及时地制定出有效、系统的发展策略和规划战略。

　　同时，由于我国目前高等职业教育还没有建立起一套比较完善的质量保障体系以及规范制度，所以并不能很好地对人才进行培养。从总体上来看，我国当前对于旅游高等教育方面并没有形成一个比较完善、系统的计划与发展体系。所以从目前情况来看，我国对于旅游高等教育还不能给予更多关注和支持。在这种情况下，我们就需要从根本上出发，分析出我国当前旅游高等教育存在的问题，然后提出一些具有针对性的发展策略和发展战略以解决这些问题。同时，也要通过自身所具有的资源优势以及在旅游领域当中所具有的独特优势来推动我国旅游业迅速发展并不断壮大。

---

① 罗雄. 高等学校时代新人培育研究 [D]. 湘潭：湘潭大学，2020.

第四章

世界旅游高等教育的现状及经验启示

世界旅游高等教育已经走过了近百年的历程，从一开始的"学院派"旅游高等教育，到20世纪80年代出现的"旅游教育学派"——以杜赞奇、布洛克、科林等为代表，再到20世纪90年代以后兴起的国际旅游学——以马修·诺里斯、帕特里克·亨利等为代表，最后到21世纪以来兴起的"世界旅游高等教育联盟（WTB）"，每一次发展与变革都给世界旅游业带来了深远而深刻的影响。本章从当前世界旅游高等教育的现状出发，对世界旅游管理教育的国际合作、理论研究以及中国旅游教育发展进行简要的分析，指出目前国际旅游交流、理论研究及教学中存在的问题，并对问题进行深入思考。

第一节　世界旅游高等教育演变史

一、世界旅游高等教育的构建

20世纪80年代，在国际旅游界出现了"旅游教育学派"的概念。随着全球化进程的加快，世界旅游业进入了一个新的时代。旅游经济逐渐成为21世纪国际相互交流、相互渗透的一种重要形式。旅游经济在许多国家都得到了长足发展，因而对旅游业人才素质提出了更高要求，导致大量旅游从业人员对旅游专业知识掌握不够。为适应这种新形势，许多国家纷纷设立并开办了旅游大学或高等教育机构，以培养旅游专业人才，与此同时也出现了"大学＋学院"或"大学＋行业协会"的教育模式。在这种情况下，旅游业所需的人才不仅知识、技能水平要高，而且还需要有国际视野、具有战略眼光。不仅需要掌握现代管理方法和技能，还应该在了解世界上各个国家、地区与行业发展现状的基础之上制定自己的战略与发展目标。与此同时，在世界范围内各大洲都有一些专门为发展旅游业而设立并培养旅游专业人才的院校。在这些院校中，以国际旅行学闻名的不多见，但是它们有着相同或相似的培养目标：以旅行商为培养对象，即培养能够适应全球化旅行需求的人才。

20世纪80年代以后，世界旅游业发生了一系列变化：从国际旅游学到次区域旅游学；从全球旅游到亚区域旅游；随着世界旅游业与各国旅游业相互交流和合作范围日益扩大、不断发展等，旅游业从亚洲向欧美等国家和地区转移。在此背景下，以法国为代表的欧洲国家率先成立了"世界旅游高等教育联盟"（WTB）。虽然该组织并没有得到正式认可，但它一直被视为在世界范围内旅游业相关院校和机构的相互交流、相互影响方面发挥着重要作用。经过近半个世纪的发展，该联盟已成为世界旅游业发展极具影响力又非常重要的非政府组织之一。

与之相比较，美国则在世界范围内建立起了规模较大、内容丰富、具有影响力与凝聚力又充满生机与活力的全球旅游业高等教育体系（WTU）。虽然这两个组织都是"非政府组织"，但二者之间存在着较大差异：WTB是一个以学校和专业为基础进行管理并与各国相关行业协会相结合的机构；而WTU则主要是针对大学本身举办的并与国家高等教育主管部门相联系。

除了美国以外，还有英国、澳大利亚、加拿大、法国、德国、西班牙、意大利等其他一些国家和地区也建立起了类似组织或机构来推动和发展世界旅游业高等教育事业。但是这一系统在组织上并非一个全球组织（global units），其由美国世界旅游研究所牵头创建，并没有得到全世界学术界高度认可和广泛参与，因此其内部还存在着诸多问题，如各成员国之间缺乏足够信息交换和共享，在教育政策和教学方法上缺乏协调一致等。

由于旅游业是一项国际性事业，各国都将注意力放在了自身国内市场上并努力开拓国际市场来谋求发展。与此同时，各个国家之间在经济体制、社会文化背景与传统习惯等方面也存在着巨大差异，使得各国教育改革也显得颇为棘手，例如经济体制改革、社会文化传统、教育模式、职业资格考试制度、高等教育形式与课程体系及教学方法等、语言和文化环境等因素形成的不同问题。而这些问题所造成的结果就是世界旅游业面临着一个难以突破的瓶颈，即国际旅行人才实际数量及质量与所需数量及质量之间存在巨大差距且日益扩大。在这样一个背景下，如何协调各个国家和地区与全球旅游业在不同阶段对人才培养目标上存在着的巨大差异而造成的矛盾就成为一个需要国际业界和学界高度重视而且必须解决的问题。随着国际旅游发展速度不断加快、旅游业对各国家和地区劳动力需求不断增长以及世界各国与地区经济发展与合作水平不断提高，这一问题显得更为突出。从 20 世纪 80 年代初起，世界旅游业就进入了快速发展期且规模不断扩大和全球化程度越来越高，这也为国际旅游高等教育带来了机遇及挑战。

二、"学院派"旅游高等教育的形成

第一次世界大战后，在欧美一些国家，旅游高等教育的形式、内容、课程和师资队伍得到了发展与壮大，并在理论和实践上都取得重大突破。第二次世界大战后，美国大量的劳工被释放回国或到其他国家寻找工作机会，同时也有不少学生被派往美国著名的旅游公司任职，这些学生在离开学校时会有一段时间去当家庭教师或在旅游公司工作。由于学生就业的大量涌入，一些大学不得不将一部分"家庭教师"（如美国西点军校和美国海军学院）从大学里剥离出来。这一时期，由于旅游业在世界各国经济发展中所起到的重要作用及其所具有的吸引力，世界旅游教育研究出现了空前繁荣局面。与此同时，随着人们对旅游问题认识和研究的不断深入以及高等教育体制改革政策、法规等方面条件的改善，"学院派"旅游教育学派成为 20 世纪 80 年代以后世界各国旅游高等教育发展历程中一个最重要的学术流派。

其理论观点主要有：其一是强调教学与研究的分离；其二是认为"教学是旅游活动的中心"；其三是认为教学要遵循一定规律并按一定教学计划进行。国际上出现了一些重要的旅游教育机构：第一个国际旅游业者协会（International Tourism Association）和国际旅游业者委员会（International Tourism Council）以及"国际旅游学协会"（International Tourism Association）等；第二个国际旅游协会联合会（IATA）；第三个联合国教科文组织"全球旅游学计划"（Global Tourism Project）和联合国教科文组织"世界旅游组织"以及相应的非政府机构，如世界饭店联合会、亚洲饭店协会及亚洲会议组织等。

从 20 世纪 80 年代开始，"学院派"旅游教育学派在欧洲一些国家开始出现。第一代"学院派"代表人物是杜赞奇、布洛克和科林，这些人的观点在很大程度上代表了当时英国学者的思想。而到 20 世纪 90 年代，随着英国旅游研究中心的建立，他们的观点又重新受到了关注并在国际上传播开来。这一时期，欧洲各国旅游高等教育的发展迅速且各具特色，如德国大学旅游业教育比较完善，欧洲许多大学已经设有旅游专业并招收研究生；意大利则是世界上第一个专门针对旅游业设立学院和培养教师的国家；德国的旅游研究中心已经成为一个著名的学术机构，它通过与世界各国同行之间进行学术交流和经验交流来促进本国旅游高等教育发展；法国巴黎高等师范学院（现巴黎第三大学）是欧洲第一个设立旅游专业（旅游管理）教育硕士学位的学校。到 21 世纪初，"学院派"旅游学院已形成世界上第一个全球性、地区性的"旅游高等教育组织"。世界各国旅游业高度发展以及旅游业教育水平不断提高，对"学院派"旅游学是一个巨大考验和挑战；而中国旅游业教育存在相对滞后、学科设置不够完善、课程设置有缺陷等问题。

三、国际旅游学兴起和发展

20 世纪 90 年代以来，国际旅游学（international tourism business，ITB）在欧美等发达国家和地区得到了迅速发展。作为一门新兴的交叉学科，它与全球旅游业之间存在着相互渗透、相互作用的关系。它不仅在国际旅游业中占有重要地位，而且也是对当代西方旅游理论研究的一个重大突破，同时也是西方发达国家旅游理论研究中最具活力的一个分支之一。它所涉及的范围包括了旅游理论和实践领域，主要包括旅游学、地学和环境科学、旅游资源开发与管理领域等。它所涵盖的范围不仅包括西方发达国家，而且还包括世界各国对旅游业所做的规划和政策、管理、服务等方面。

国际旅游学院对世界各国旅游业产生了深远而积极的影响，它为世界国家特别是发展中国家发展旅游业提供了很好的借鉴和帮助，促进了当地经济社会发展，提高了人民生活水平，并对推动世界文化交流、增强各国之间以及国家之间在贸易、投资及科学文化方面联系发挥着重要作用。它为人们提供了一个认识世界的新窗口，旅游可以促进社会各个领域的发展以及人们对这个领域的认知。国际旅游学作为一门交叉学科和新兴学科，其研究对象主要是以旅游业为主体的产业活动以及与之相关的领域，如经济、社会、文化等，它从不同层次和角度对旅游者行为与体验进行研究。

（一）国际旅游学发展迅速

国际旅游学的兴起和发展是随着全球旅游业的发展而发生的。在 20 世纪 70 年代，世界旅游组织就已经开始重视旅游业的国际合作，并提出了加强世界旅游合作和发展国际旅游的战略方针。20 世纪 90 年代以来，国际旅游学随着全球旅游业迅速发展而迅猛兴起。国际旅游学在西方发达国家已经成为一门重要的学科，在其形成过程中起到了重要作用。从国际旅游学研究范围看，随着全球旅游业的迅猛发展，作为一个独立分支学科而迅速出现的国际旅游学逐渐在西方发达国家成为一门独立、成熟和蓬勃发展的学科。从国外来看，随着全球经济一体化进程加深、世界各国之间贸易往来频繁、世界政治格局多极化趋势显现以及信息技术和计算机技术等科技飞速发展等，从 20 世纪 90 年代开始，国际旅游学也逐渐成为一门学科。

（二）培养模式和课程设置不尽相同

从培养模式上看，目前，大多数旅游院校的人才培养还只是停留在"教"这个层面上，即理论教学阶段。尽管不同学校对课程的要求不尽相同，但也有一些学校的专业课程设置较为合理、实用、先进，为学生提供了充分学习和实践的机会。以美国旅游管理专业为例，美国旅游专业有两种培养模式：一是大学本科教育阶段的教学模式；二是研究生教育阶段的教学制度。美国高等教育机构也对学生实行分类教育制度，将大学本科教育分为八个档次，每个档次都有各自不同的课程设置和培养目标。例如，大学本科（包括综合型和专业型）课程设置为"理论、政策、法规、市场营销"，研究生（含专业型）课程设置为"理论、法规与市场营销"。

在课程设置上，也存在着不同程度的差异，但基本上是由"教"向"学"转变。例如，大学本科教学内容一般包括四个方面：第一是专业课（即"理论教学 + 实习"阶段）；第二是专业基础课（即"基础理论 + 基础知识 + 综合技能"阶段）；第三是专业选修课（即"专业技能课——市场营销和企业管理实践"阶段）；第四是专业课作业课（即"专业技能 + 理论与论文"阶段）。因此，不同学校对学生的培养方式也不尽相同，既要注重基础知识与基础理论的学习，又要注重能力的培养；既可以进行理论教学，也可以进行实践教学；既可以在课堂上进行理论讲授和案例分析，也可以通过在实习基地和社会中进行实践来完成教学目标。

（三）国际旅游学教学方法在我国尚不成熟

目前，我国高等教育在教育观念、教学内容上都没有根本的变化，特别是在旅游学科中，还没有形成具有鲜明特色的学科体系。我国目前旅游人才培养与国外教育体制之间的差距相当大，主要表现在：一是高等教育缺乏对新学科——旅游学发展所需要的师资；二是旅游教育体制改革落后于国外大学教育体制改革的步伐；三是旅游高等教育与国际接轨不紧密。由于我国高等旅游院校还没有形成系统而完善的教学体系和科学合理的教学方法，因此，从根本上制约了国际旅游学专业的发展。在具体教学过程中不能根据学生不同层次、能力和特点开展教学工作，目前高校旅游人才培养仍然以本科教育为主，而国外高等教育是以研究生教育为主。在培养方案中设置了一些与国际接轨的课程，如导游英语、酒店英语等。现有高校对外语师资力量重视不够，师资队伍结构不合理，缺乏真正具备一定外语水平和能力及丰富教学经验的高层次外语人才。一些高校不重视对学生职业素质、创新精神和实践能力的培养，只重视书本知识教育而忽视了在课堂上组织学生进行课外活动和社会实践等多种方式来培养他们的综合素质。

四、世界旅游高等教育联盟的兴起

从 21 世纪开始，世界旅游高等教育进入了一个新的历史时期，并逐渐形成了"世界旅游高等教育联盟"（WTB）。2001 年 3 月 25 日，在荷兰乌德勒支举行的第 41 届国际旅游业协会（ITA）大会上，世界旅游高等教育联盟宣布成立。该联盟是一个非政府、非政治、无国籍的非营利性组织，其宗旨是促进旅游业和高等教育之间的合作与交流，加强有关旅游教育和教学、研究机构和行业间的交流，促进国际旅游教育与研究活动的发展。目前该组织共有成员单位 47 个，包括来自世界各地 60 多个国家和地区的 200 多所大学参与进来[①]。WTB 是一个以"共同合作研究发展旅游教育和教学"为宗旨的国际性组织（ITA）。2001 年 6 月在巴黎举行了第二届世界旅游高等教育大会，这次大会还通过了"新世纪行动计划"，该计划由联合国教科文组织发起并于 2002 年 1 月开始实施到 2008 年结束，该大会也是 WTB 成立后第一次国际性会议。

---

① 邵建东．高职院校专业教师团队建设研究［D］．厦门：厦门大学，2020.

（一）WTB 的主要目标

WTB 的主要目标是制定和实施"新世纪行动计划"，通过旅游教育与教学方面的研究和合作来促进旅游业的发展，加强世界各国及国际组织在旅游教育和教学方面的交流与合作，促进旅游业与教育、研究及文化等各方面合作伙伴关系的发展，增进世界各国旅游教育和教学领域间的合作，并为其他行业提供信息交流平台。通过组织、资助和实施各类国际培训项目，帮助成员国提高旅游行业人力资源开发水平，促进旅游业及其相关产业为社会作出贡献，包括为社会创造就业机会，促进经济发展。通过建立国际伙伴关系来加强旅游业、旅游高等教育以及各成员单位间的相互联系、交流和了解，以提高各国旅游业及其相关产业在世界经济中的地位，在成员国间广泛开展多种形式的教育及教学合作与交流活动。

（二）主要成员单位及活动

2001 年 3 月，WTB 通过了新的成员申请程序。该组织成立后，共有 47 个成员单位（不包括港澳台地区），其中美国 16 所、英国 7 所、法国 2 所、意大利 1 所、瑞士 1 所、卢森堡 2 所、葡萄牙 5 所、德国 13 所，成员单位分布在美国（16 家）、英国（6 家）、法国（4 家）、意大利（2 家）等国家和地区①。WTB 成立后还举办了三次旅游高等教育大会，在旅游高等教育联盟的影响下，许多国外大学也纷纷成立了旅游学院或旅游系，如美国威斯康星大学麦迪逊分校设立了国际合作处；美国康奈尔大学建立了旅游学院并开设本科课程；加拿大渥太华大学成立了旅游工程系；荷兰阿姆斯特丹自由大学开设了国际酒店与餐饮系；德国汉堡大学成立了旅游管理和酒店教育学院。由于中国有自己的特殊国情和历史文化传统，所以中国并没有加入 WTB。为配合 WTB 的运行和发展以及加强各成员间的合作与交流，2001 年 6 月 18～22 日在北京召开了首届世界旅游业协会国际大会。

（三）WTB 组织结构

理事会包括主席、副主席，并下设国际教育与研究机构、旅游高等教育委员会（EPSRC）、旅游学院等 7 个专门机构和秘书处等 5 个部门，其主要职责

---

① 崔海丽. 中国公立本科高校招生自主权研究 ［D］. 上海：华东师范大学，2020.

是：负责制定联盟的发展规划和年度工作计划；组织国际会议；开展各项活动；协调、合作与开展旅游业相关的活动；管理有关的费用等。理事会下设6个咨询委员会，分别为旅游高等教育咨询委员会（EPSRC）、国际旅游教育研究咨询委员会（EPSRC）、旅游高等教育研究咨询委员会（EPSRC）、世界旅游者中心组织（WCTO）、世界航空组织（TWO）、世界遗产联合会（WG）。常设委员会包括国际教育与研究机构、旅游学院和大学的管理机构。

第二节　世界旅游高等教育现状

从数量上看，世界旅游院校的数目仍在增加。根据联合国教科文组织的定义，旅游学是一门以实践为基础的学科，包含了旅游、酒店、休闲及相关领域。近年来，世界各国对旅游人才的需求日益增加，旅游业成为继IT业之后的又一新兴支柱产业，各国纷纷将发展旅游业作为战略选择来推进。随着国际地位和影响力的不断提升以及经济社会发展对旅游业人才需求量增长的推动，世界各国对高等教育机构进行了广泛而深入的研究与改革探索。目前，世界旅游高等教育发展现状研究报告主要包括了《世界旅游高等教育发展报告》《世界旅游院校教育指南》以及《世界知名高等学府排名》三部分。

一、国际旅游教育的现状

在国际旅游发展的背景下，旅游教育已成为培养具有国际视野的国际性人才的重要途径。但是目前我国与发达国家相比，高等教育体制改革滞后，旅游管理教育发展严重滞后于我国经济社会发展。虽然我国已建立了较为完整的旅游业管理体系，但在高等教育体制改革方面，相对落后于发达国家。而在教育体系方面也存在着许多问题，比如高等教育学科划分不合理、本科层次的应用型人才培养不足等。这些问题都严重阻碍了我国旅游业的发展。由于国内、国际社会对旅游专业人才要求不断提高，旅游教育面临着巨大的挑战。

在未来的国际竞争中，旅游业将成为一项重要的国家战略产业，并对世界经济发展起到重要作用，为此需要培养大批适应于现代旅游业需求的高素质应用型人才。旅游业在全球经济中地位日益显著，加上其自身特点，决定了未来旅游业是一个国际化极强且高科技含量颇多、高智力密集以及具有国际竞争优势的产业。为此旅游管理专业人才需要具有良好综合素质和良好职业素养、能够运用外语进行国际交流和沟通以及掌握现代信息技术和应用知识解决实际问题。由于目前国内高等院校缺乏具有国际视野及创新能力的教学理念、办学模式与专业设置，旅游管理专业学生培养质量不高。在高等教育发展初期，很多高校以培养应用型人才为主，注重培养社会需要的高端应用型人才，强调学生"专业知识"和"综合能力"并重。然而，在我国经济水平不断发展、对外开放程度加快、全球化速度加快等因素影响下，我国对人力资源提出了更高层次要求，同时国内对于旅游产业人才也提出了更高层次的要求。因此，为了满足我国对于国际化人才的需求以及适应社会发展趋势及经济结构调整需要，培养高质量应用型人才是我国旅游教育迫切需要解决的问题；如何培养高素质专业应用型人才，如何构建多元化、多层次课程体系，怎样才能更好地培养适应中国产业发展需要的国际化复合型高级人才，是我国旅游教育迫切需要解决的问题。

作为国际化高等素质教育理念下衍生出的新时期具有国际视野与创新能力的专业，其本科课程设置要求与发展趋势，怎样才能更好地培养符合全球旅游产业发展要求及社会需求的应用型人才是着重要考虑的。高等素质教育新模式改革与创新方向是在具有世界眼光和视野下实施"三步走"战略：第一步，立足国内市场，建立一套符合旅游管理专业特色及要求的课程体系，如旅游管理特色专业课程设置等；第二步，依托国内外名校引进国际化高等素质教育理念、办学模式与培养理念，如合作办学项目、中外联合招生等；第三步，通过"走出去"和"引进来"相结合方式，扩大我国高等素质教育影响力，如以国际合作办学模式开展国内课程改革等。最终使我国各高校能够更好地融入国际化高等素质教育模式改革中，实现高校人才培养目标及国际化发展战略目标，从而达到我国国际旅游业可持续发展目标。

二、国际合作的方式

（一）学术交流

学术交流是一种在全球范围内进行的、涉及多个学科领域的综合性的项目活动，它是一个国家或者地区经济社会发展对教育和科研提出的要求的综合反映，是一种研究资源以及学术力量向其他国家、地区和组织辐射和共享成果的过程。学术交流是通过教师之间和学生之间以及不同领域之间，以一种国际上普遍认可的方式进行的沟通，其特点就在于将旅游管理研究中存在的诸多争议问题或者需要解决的难题进行交流、探讨，以便在这些领域内取得更好更快的发展。

学术交流还有助于培养学生对世界旅游业和各国旅游发展状况以及有关知识与信息进行分析、比较、理解，同时也有助于培养学生在国际组织及旅游管理机构工作所需要的知识以及他们与组织机构或政府间合作所必须具备的技能。由于学术交流通常都会涉及一个国家（或地区）内不同高校、不同国家（或地区）内教育领域内不同高校以及教育研究机构，存在着激烈争论的各种问题，所以其讨论过程是相当具有挑战性并且是很有意义的。

（二）教师交流

教师交流是一个双向的过程，可以使学校获得对旅游高等教育的新见解，也可以使教师了解到国际的学术研究情况。在教师交流中，教师也可以了解到其他国家高等教育的发展状况。教师交流也是提高学校知名度并争取国际合作机会的一种手段。对旅游高等教育来说，最重要的是培养出能满足社会需要的人才，而这些人才又恰恰需要具有扎实理论基础和丰富实践经验的旅游学及相关学科教师来培养。世界旅游教育在世界范围内的发展越来越受到重视，但相对于旅游经济发达国家来说，旅游高等教育在国际上并没有得到应有的重视。这种忽视主要表现在两个方面：（1）对国际旅游业、旅游学和旅游管理研究状况缺乏了解，如对有关数据资料搜集、分析、整理不够；（2）对国际教学交流项目缺乏参与，如学校和国家合作开展教学培训、合作开展研究项目不足等。

（三）联合研究工作

在这个过程中，旅游研究工作者将会与许多国家的学者进行合作，共同建立一个旅游研究的交流平台，并为这些国家提供一种了解、认识旅游研究方面国际发展趋势的渠道。旅游国际大学联盟是最早的国际性旅游教育组织，是在国际旅游教育领域具有较大影响力的国际性学术组织。该联盟的成立，对促进世界范围内旅游教育的发展、推动国际性学术研究和合作交流起到了积极作用。联盟主要工作如下。

1. 建立国际旅游专业教学网络

在世界范围内通过互联网建立一个国际性的专业教学网络,实现全球范围内专业课程教学的网络平台。它是对旅游研究和教育进行全球范围内传播、交流和协作的有效方式,使全球旅游教育工作者在网上分享他们的知识与经验,让世界各地的旅游业者在网上交流他们的经验、方法与信息。

2. 出版《国际旅游》杂志

该杂志是目前世界上唯一一本面向全球旅游人而发行的国际旅游教育类月刊。杂志主要内容包括:世界旅游现状和发展趋势、国内外旅游教育政策、国际交流合作项目等。通过该刊物,可以使全世界更多的人认识世界范围内旅游业发展进程中最重要的问题、相关学科领域中最新研究成果以及国际上其他学者们在学术研究中所取得的优秀成果,从而为旅游业和教育研究提供更多机会;同时也有利于促进旅游从业人员、学生、研究者和政府部门之间进行沟通和交流。

3. 建立世界旅游研究网络

建立一个全球范围的旅游研究网络,在互联网上形成一个"国际旅游研究网",使其成为全球范围内专业信息交换系统和服务平台。(1)旅游研究网站:联盟的网站,提供一个交流平台,把全球各国的学者、旅游院校、相关企业联系起来。(2)网络信息中心:主要负责信息搜集和发布工作,使其成为一个全球范围内的专业信息交换系统和服务平台。在这个网络中,所有成员国通过网络可以获得最新、最全面的旅游研究数据。联盟网站还将向其他国家提供各国专家学者对各种专业问题进行评论与分析的视频录像资料。(3)网站论坛:主要是为会员提供交流、研讨与咨询服务,并开展学术交流和研讨活动。(4)论文数据库:主要用于搜集和发布各国旅游研究方面的成果报告和论文,其主要内容:世界旅游发展现状及趋势;国家/地区旅游发展规划;旅游政策法规研究;旅游热点问题研究;国家/地区旅游业相关统计数据分析及资料统计;国内外研究机构、个人发表的学术论文资料等。本数据库以国内外有关资料为依据,力求全面、准确地反映世界旅游业和全球旅游业发展的实际状况和现状,为我国制定旅游业规划、设计、建设及管理政策提供科学依据。

4. 学术期刊出版

世界各地的旅游院校将积极地到"国际旅游研究网"上发布文章,该网络中将发表论文或其他形式的研究成果。

5. 其他工作及活动

联盟将根据成员院校要求，组织会员进行必要的交流与合作，促进各成员国旅游业经济发展与社会进步；对联盟组织和成员院校进行宣传与推广，使更多国家了解联盟组织；支持和协助成员国举办各类专业会议及其他活动等。

第三节　世界旅游高等教育经验与启示

旅游教育是国际教育的重要组成部分，世界各国都高度重视旅游业的发展，不断加大对旅游高等教育的投入。旅游业在世界经济中发挥着越来越重要的作用，对旅游人才的需求也在不断增加，同时也面临着一些新的挑战。为了适应旅游业发展的需要，各国纷纷加大对旅游高等教育的投入，积极培养具有创新精神和实践能力的旅游专门人才。目前，世界各国均将旅游高等教育作为促进旅游业发展、提高就业率、提高国际竞争力、促进就业的重要手段，从培养目标、专业设置、课程体系、实践教学等方面对旅游高等教育进行改革与创新。

（一）培养目标：强调创新精神和实践能力

世界各国在旅游高等教育的培养目标上各有特色。德国将旅游教育视为一种职业培训，重点是培养学生的服务技能、职业道德和解决问题的能力；美国旅游高等教育以培养专门人才为主要目标，强调培养学生的创造性思维和实践能力；法国将旅游教育视为一种通识教育，旨在培养学生广泛的文化素养和人文精神；日本将旅游教育视为一种职业教育，强调培养学生的社会责任感和良好的职业道德等。从这些国家在旅游高等教育培养目标上的特点可以看出，它们都特别重视创新精神和实践能力的培养，这也是当前世界旅游业发展对旅游人才的共同要求。

实践教学是旅游高等教育的重要组成部分，也是培养学生实践能力的重要途径。由于受到资金、资源、技术等因素的限制，目前很多旅游院校都没有专门的实习基地，很难实现学校与企业的直接对接。为了解决这一问题，一些学校采用模拟实习等方式来加强学生实践能力的培养。

英国南安普顿大学成立了以旅游为核心的研究中心，专门负责旅游课程体系和课程开发，以确保学生所学知识能够在未来工作中发挥作用。在南安普顿大学，每个学期都有一个为期一周的实习项目，学生可以在学校安排好的时间和地点去实习，实习项目包括餐饮服务、酒店管理、导游服务、旅游资源管理、酒店工程等。学生也可以在学校安排好的时间和地点去实习，学校提供专业实习指导老师负责对学生进行指导。韩国高丽大学为了使学生在毕业后能够更快地适应工作岗位，专门为旅游专业毕业生开设了"实习就业指导课"，为即将毕业的学生提供求职技巧和就业信息。

（二）专业设置：更加注重与旅游行业的对接

专业设置是人才培养的起点，也是旅游高等教育改革与创新的关键。随着旅游业的快速发展，旅游行业对旅游专门人才的需求越来越多，也对旅游高等教育提出了新要求。为了适应旅游行业对人才的需求，世界各国旅游高等教育都在不断调整和优化专业设置，为行业发展提供更多的人力资源保障。

在专业设置方面，美国、英国、澳大利亚等国家均有比较完善的专业设置体系。在专业设置方面，许多国家注重与行业对接，结合本国旅游业发展和产业结构调整，及时对旅游高等教育进行调整和优化。例如，美国、英国等国将传统的酒店管理专业调整为酒店管理与服务专业；澳大利亚将酒店管理与服务专业从传统的酒店管理中分离出来，成立了酒店管理学院。

（三）课程体系：具有开放性和灵活性

美国旅游高等教育课程设置具有开放性和灵活性，课程设置体现了多样化、综合化和特色化的特点。美国旅游教育课程体系主要分为四个层次：基础课程、专业课程、选修课和研究方法课程，同时，还包括针对不同学生层次的多样化专业教育，如本科教育中的职业培训项目、研究生教育中的博士项目等。美国旅游高等教育课程体系设置灵活，可以根据市场需求变化随时调整课程设置，同时也是对学生进行终身学习的重要保障。

英国旅游高等教育课程体系主要包括三个层次：基础课程、专业课程和研究方法课程，其中基础课程主要由本科院校开设，而专业和研究方法课程则是由研究生院校开设。英国旅游高等教育在整个教学过程中采用多种形式来增强学生的实践能力，如提供模拟旅游公司、导游模拟器等。英国旅游高等教育注重学生的实践性和创新性，开设了大量具有挑战性的实践教学项目。同时，英国旅游高等教育注重学生的全面发展，根据学生不同阶段的学习需求设置不同层次的选修科目。英国旅游高等教育实行学分制教学制度，学生可以根据自身需求自主选择所要学习的内容，也可以选修其他专业或专业方向的相关内容，注重培养学生自主学习能力和实践能力，让学生有更多机会去体验、参与、探索和创造。

通过对世界旅游高等教育的考察可以看出，各旅游国家均非常重视旅游高等教育，把旅游高等教育作为旅游业发展的基础和动力，并形成了各自独具特色的旅游教育体系。在教学目标上，多以培养面向旅游业实际工作的应用型人才为目标；在专业设置上，以适应旅游业发展的需求为导向；在课程体系上，注重理论与实践相结合，不断创新和优化课程设置；在教学方法上，以学生为中心，采用启发式、探究式、互动式教学方式；在实习实训方面，注重加强对学生职业技能的培养和提高。这些经验对我国旅游高等教育改革与发展具有积极的借鉴意义。

第五章

中英旅游高等教育的对比分析

本章将从教育目标、课程设置、师资队伍构成等方面对比分析中英旅游高等教育的差异，探讨中国旅游高等教育发展所面临的问题。中英两国作为当今世界旅游业的龙头老大，随着两国经济社会文化交流的不断加深及旅游管理体制改革深入进行，旅游业迅猛发展，成为经济增长新亮点，而旅游专业人才也成为各国政府急需的高级人才，在全球旅游发展战略与全球旅游业竞争中占据了重要位置。

第一节　教育目标

英国是世界上最早开展旅游高等教育的国家，而中国旅游高等教育起步较晚，但自改革开放以来，中国在经济发展、旅游业快速发展和教育体制改革不断深化的背景下，逐步形成了自己的发展特色和优势。在 20 世纪 80 年代改革开放之初，中国许多大学还没有开设旅游管理专业，但在 20 世纪 90 年代初期出现了第一批旅游专业的毕业生。到目前为止，全国开设了 40 多个旅游类学院或系和许多旅游专业；每年培养各级各类旅游管理人才近 2 万人，其中本科学历占 60% 以上[1]。中国高校培养了一大批优秀的旅游管理人才，其中本科教育学生的平均就业率达到 95% 以上[2]。

而英国在 20 世纪 90 年代中期出现第一批高等教育改革试点后形成的教育体制和课程设置是以促进旅游业发展为目标的。到目前为止，英国学校提供给

---

[1]　原婷婷. 中英旅游管理本科教育课程体系比较研究［D］. 沈阳：沈阳师范大学，2015.
[2]　张杰. 广东省森林养生旅游开发研究［D］. 广州：广州中医药大学，2019.

学生的包括接受高级管理培训、公共服务培训、教学研究与实习等方面的培训服务。英国在进行高等教育改革后，学校提供给学生的不仅是知识和技能层面上的教育，更重要的是学生参与社会经济发展过程中所具备的能力训练以及为社会服务方面所培养出来的社会责任感。这种通过学校教育与社会实际相结合培养旅游管理人才的模式不仅符合中国高等教育体制改革对人才培养提出的新要求和新挑战，而且在 21 世纪已经成为一种趋势。

一、中英教育目标定位的差异

旅游高等教育的重要组成部分，是培养高素质、高技能旅游专门人才的重要途径。自 20 世纪 80 年代以来，随着中国旅游业的蓬勃发展，中国旅游高等教育也随之快速发展，旅游高等教育规模不断扩大。目前，我国旅游高等教育已初步形成了以本科层次为主的本科、专科、硕士研究生教育体系，并初步形成了以专科层次为主的职业教育体系。但我国旅游高等教育仍存在诸多问题与不足，如办学规模与质量有待提高、课程设置不够合理、教学模式相对单一、教学内容滞后、师资力量不足等。英国是世界上旅游高等教育发展最早、最为成熟的国家之一，其旅游高等教育起步较早，发展较快，并形成了较为完善的体系与办学特色。英国高等教育体系结构完整，其本科层次的旅游专业教育实行分类招生和管理，如本科层次的酒店管理专业之间并无明显界限。而硕士研究生教育则根据课程设置及专业方向设置了不同的课程体系。同时英国高校开设了大量以职业技能为导向的选修课程，学生可以根据自身需要进行选修。英国高校注重学生职业素质与职业能力的培养，并在实践教学方面做了许多有益的探索。

英国高等教育体系分为公立大学、私立大学和私立学院三种，其高等教育目标定位呈现出多元化特征。私立大学实行学术自由，政府对其没有严格的控制，主要由私立机构自主运营，其教育目标定位于学术与实践能力并重，注重培养学生的综合素质，为学生提供丰富的选择。英国高等教育以学术为导向，其培养目标定位于培养知识渊博、有见识、有责任感、能独立思考和具有创新精神的专业人才。

中国旅游高等教育发展至今从最初的"旅游管理"到如今的"旅游＋"，中国旅游高等教育发展过程中始终与经济社会发展保持着紧密联系。目前，中国旅游高等教育已成为我国教育体系的重要组成部分，其人才培养目标定位于专业知识与实践能力并重。由于我国社会经济发展迅速，市场对专业人才的需求不断增加。近年来，我国高校旅游专业毕业生就业率一直维持在较高水平。当前，中国旅游高等教育已进入内涵式发展阶段，在借鉴英国高等教育经验的基础上，中国旅游高等教育应进一步明确人才培养目标定位。

二、中英教学计划与培养目标对比

中国的旅游高等教育以本科教育为主，其培养目标是"使学生具有扎实的基础理论、基本知识和基本技能，掌握旅游科学研究的一般方法和进行旅游科学研究的基本技能，并具有从事旅游教育教学和管理工作的基本能力"。具体体现在课程设置上，主要是理论课程和实践课程两个部分。理论课程包括通识课程和专业基础课程两个方面，专业基础课程又包括英语、数学、计算机、体育、音乐等一些公共课，实践课程包括旅游行业知识与技能、导游业务、市场营销等专业实践课程。

英国的旅游高等教育是以职业教育为导向，主要有两种类型：一种是本科教育，一种是职业教育。本科教育主要针对本科层次的学生，其培养目标是"能够胜任以旅游业为背景的各种工作"；职业教育面向具有较高职业能力的不同行业工作人员，其培养目标是"能胜任各种与旅游业相关的工作"。英国大学在教学计划和课程设置上与中国有很大区别。英国高校的培养目标明确，更注重学生对职业的理解与认识，并在此基础上培养学生综合能力。英国高校更注重专业技能的培养，特别是专业实践技能的培养。在我国，本科教育仍然占据主导地位，应用型人才培养模式更符合我国旅游高等教育发展趋势，对旅游高等教育人才培养具有一定参考价值。

三、中英教学过程中的价值观引导

中国旅游高等教育的教育目标中，明确提到了"价值观引导"，并具体从三个方面展开：一是价值观塑造；二是价值选择；三是价值观导向。在中国，旅游高等教育的人才培养目标明确提到了"树立正确的世界观、人生观和价值观"。价值观作为一个人所处的价值体系，它是人们在实践中形成的，在人与社会的相互作用下逐渐形成的，它决定着人们对客观事物及其发展规律的认识和态度，也决定着人们认识活动的方向和成效。因此，在旅游高等教育中，树立正确的价值观至关重要。在中国旅游高等教育中，学校一般会在新生入学时对学生进行价值引导，如"为什么学习""如何学习"等问题。学校通过对学生进行正面、积极的引导来帮助学生树立正确、健康、积极的价值观。

在英国，学校对学生进行价值观引导通常会在课堂上进行。以牛津大学为例，他们的课堂通常采用启发式教学，以让学生积极思考、讨论、辩论等形式来引导学生树立正确的价值观。在课堂上，老师会经常提问学生相关的问题，让学生学会自主思考和探究。总的来说，中国旅游高等教育更加注重培养学生对行业、工作、职业的热爱与认同感；而英国旅游高等教育更加注重培养学生对个人及职业发展的追求与重视。

对比中英两国的旅游高等教育目标，可以看出，英国在高等教育目标上以培养专业人才为主，突出了旅游高等教育的专业特点；而我国旅游高等教育目标则以培养通才为主，强调了旅游高等教育的通才特点。在专业人才培养方面，英国在本科教育阶段不分专业，所有学生都能按自己的兴趣和职业发展需要选择专业；而我国则将旅游管理专业分为酒店管理、会展管理、烹饪与营养等多个方向。在通才和专才培养方面，英国更注重学生的职业素质和职业能力培养，而我国则将旅游管理专业定位为通才教育。

当前，中国正处在产业转型升级和经济结构调整时期，迫切需要大量具备较高职业素质和职业能力的复合型、应用型人才。借鉴英国旅游高等教育目标的经验，中国旅游高等教育应明确人才培养目标，将学生定位为应用型人才；要进一步完善课程设置、教材编写等相关环节；要加强实践教学，注重学生职业素质与职业能力培养；同时应加大对旅游高等教育的投入力度，提高教师队伍整体素质。

第二节 课程设置与教学方法

一、课程设置

英国课程设置以社会职业为导向，注重与实际相结合，注重培养学生的实际工作能力，学生可根据自己的兴趣和能力选择课程，自由选择教学方法，注重培养学生分析问题、解决问题和动手的能力。旅游专业所开设的专业课程涵盖了从导游业务、酒店管理到旅游信息等各个方面。中国旅游高等教育的课程设置强调实用性和应用性，注重培养学生较强的实际操作能力及社会适应能力。虽然英国在旅游专业方面比中国早发展了一段时间，但是在课程设置上还是以实用性为主，比较注重理论与实践相结合。

英国作为世界上最早开设旅游本科专业的国家之一，从20世纪70年代开始就一直致力于培养高级的专业型人才。英国各大学所开设的旅游本科课程中，除了前面提到的酒店管理、酒店信息等之外，英国大学在培养学生时还会要求学生掌握一定的实际操作技能知识，在毕业后才能真正地投入实际工作中去。中国在培养高级旅游人才时也一直比较重视对学生的专业知识和技能的培养，从课程设置上来看也比较注重实用性，中国旅游高等教育在课程内容上主要体现了理论与实践相结合的特点。不过，在课程设置上，英国旅游高等教育也有不足之处，虽然英国旅游高等教育在课程设置上比较注重实用性，但是从整体上来看，英国旅游高等教育还存在一些问题。首先，在培养目标上，英国旅游专业培养的人才并不是为了就业，更多的是培养有职业素养的应用型人才。其次，在教学过程中，注重理论学习的同时也比较注重实际操作能力以及社会适应能力的培养。

我国旅游高等教育正处于快速发展和扩张时期，很多高校已经开设了旅游相关专业，并且已经具有一定数量的教师队伍。英国作为旅游教育强国和先进国家，在研究课程设置方面都以实践应用和实用性为主，对于学生能力的培养也比较重视。但我国对于旅游专业教师队伍建设力度还不够，缺乏专业的实践应用型教学人员。而这些人员主要是从各高校内选拔而来的，所以在一定程度上存在着"近亲繁殖"现象，在教学过程中教授知识理论多而实践操作较少这一现象也很明显。

二、教学方法

中国的旅游教育教学主要采用教师讲授法，课程中有大量的理论知识讲授，以学科教学为主体。旅游理论课往往是在课堂上直接进行的；在课堂上的讲授一般采用"满堂灌"的形式。英国旅游高等教育则采用小组讨论法，它可以使学生在教师启发下产生问题，从而解决问题。这是一种新的教学方法，主要有三种类型：以讨论为主要形式的讨论法；以自学为主要形式的自学法；以小组讨论为主要形式，由教师启发和引导学生进行学习的方法。同时，英国高校还会专门组织学生进行考查实践活动。由于两国国情及文化背景不同，英国高等教育注重培养学生实践能力和创新精神；而中国旅游高等教育则更重视培养学生掌握旅游管理和旅游服务技能。如国内高校也有不少针对外国留学生开设的专门课程，像英语、法语等外国语课程等。而对国外留学生的教学目的更多的是希望他们毕业后能到国外从事相关工作，因此国内不少高校，特别是综合性大学设立了出国留学项目。

中国在培养出大批优秀人才的同时，却没有意识到应该在教育内容和教学方法上进行相应创新；而英国则通过不断改进教学方法提高了教育质量。中国旅游高等教育应该借鉴英国经验和教训，结合中国旅游发展需求和自身实际情况来改进传统教育模式：加强理论与实践、课堂与校园两个教学空间结合；加大科研力度以增强科研实力，加强学科建设以提高教学质量；重视学生能力培养和素质提高并适当引入竞争机制以激发学生动力和活力；建立并完善相关法律法规及制度，保证教师合法权益及地位；建立健全学校管理体系以促进学校管理规范化；加强师资队伍建设以满足高素质旅游专业人才培养需要等。

（一）对我国旅游高等教育的启示

英国教育的发展历程是曲折而艰难的，英国旅游高等教育在其形成、发展与演变的过程中，既有成功经验，也积累了不少教训，特别是在教育理念、教育制度及教学方法等方面值得我国旅游高等教育借鉴。英国旅游业对人才有着严格的要求，因而形成了独特的职业教育模式。这对我国旅游高等教育提出以下启示：（1）将旅游专业人才培养目标定位于"复合型、应用型"专业人才；（2）注重培养学生创新精神和实践能力，重视学生综合素质培养；（3）注重师资队伍建设，保证教学质量；（4）采用灵活多样的教学方法和手段，增加学科建设经费投入，提高办学水平；（5）将科研工作与人才培养结合起来；建立科学合理的学校管理体系、保障体系和评价体系。

英国旅游高等教育在历史发展过程中所取得的成就值得我们借鉴，同时我们也应该看到其在发展中存在的问题，如教育经费投入不足、课程设置不合理等，并以此作为借鉴来进一步提高旅游高等教育办学水平。目前我国旅游高等院校还存在着不少问题，如规模小、层次低、办学水平低等，这些问题的存在制约了我国旅游高等院校的发展。首先，就规模而言，与发达国家相比，我国旅游高校普遍存在规模小，尤其是高等专业学校的规模较小。英国的旅游高校虽然在发展过程中也面临着许多困境，但这并不意味着他们的高等教育就会因此而萎缩。相反，通过比较分析其各时期高等教育发展状况，我们可以发现英国在其历史发展过程中所取得过的成就值得借鉴。例如在人才培养模式上，英国有非常成熟和完善的模式。这一点从大量毕业生就业情况就可以看出：随着学校办学水平和毕业生就业情况等指标的提高，高校毕业生就业率也会相应提高；此外，英国高校也非常重视对学生专业知识和实践能力等方面的培养。在课程设置方面，也值得我们学习并借鉴其经验。例如，旅游高校开设有许多跨学科课程与选修课程；在学校教育、科研与实践中充分发挥了旅游与休闲专业领域相关教师和学生的作用。而我国旅游高等院校在这方面做得相对较少。因此，可以从以下三点入手进行改进：一要明确学科定位；二要对自身学科建设提出更高更严、内容更加全面系统的要求；三要结合时代特征进行调整以及加强与旅游相关各专业之间交叉渗透，还应加大对教师的培养力度等。

（二）中英两国旅游高等教育存在的差异

英国高校在建立之初就把培养人才作为首要任务，并将人才的培养视为学校工作的重中之重。在这一点上英国高校有着与中国不同的教育理念，国内高校为了满足学生更高的就业要求，许多高校纷纷开设了旅游管理和旅游服务类专业，对国内学生要求更高。但我国不同于英国，我国的旅游管理教育仍处于起步阶段，并没有真正意义上形成特色。国内各大学旅游专业虽然已经开设了多年，但这些大学所培养的学生在就业方面仍存在一定困难。由于缺乏有效激励机制，中国旅游高等教育缺乏活力，这也成为中国教育质量下滑的主要原因之一。英国高等教育机构中没有专门针对外国留学生的课程，而中国则存在大量针对外国留学生开设的课程。英国高校普遍实行弹性学制、学分制和学分互认制度，而对于国外学生也没有相应优惠政策，这导致我国许多高校在国际交流上受限。

英国是旅游大国，英国的旅游高等学府在世界上也具有较高的地位。虽然中国已经成为世界第一旅游大国，但是我国的旅游业正处于一个高速发展时期，旅游业对旅游专业人才也有更高的要求。近年来我国旅游业在快速发展中出现了一些问题，而人才培养则是其中的重中之重。因此，要加强对这方面工作的重视程度，不断地提高我国旅游业的整体水平。英国的旅游文化较为成熟，英国高等教育注重学生实践能力和创新精神培养。因此我们应该借鉴英国经验和教训，结合中国旅游发展需求和自身实际情况来改进传统教育模式。对中英两国旅游高等教育进行对比分析可以发现，虽然中英两国国情及文化背景不同，但是我们还是可以从这些方面相互学习和借鉴对方国家在高等教育方面所取得的经验。中国旅游高等教育虽然已经发展一段时间了，但是与英国相比还有较大差距。因此今后可借鉴英国在旅游高等教育方面的先进经验与成果为我国旅游教育事业发展提供相应的支持。希望通过对中英两国进行比较分析，能够发现各自在旅游业发展中所存在的问题，进而提出相应解决对策，对我国目前旅游业的蓬勃发展起到一定促进作用。

第三节　师资队伍与实践教学

一、师资队伍分析

在师资队伍方面，英国高校由于其特殊的教育背景和历史，学校教师队伍在结构上与中国高校教师相比更为多样化。其中，政府教育主管部门、旅游行政管理部门、旅行社及饭店等行业的人士都是英国高校教育师资的重要来源。同时，英国的旅游类院校还聘请了来自不同行业、不同国家的旅游专家作为客座教授。中国各类型院校普遍存在着以专家教授为主体的教师队伍结构。一方面，各类型院校为了发展自身，不断地从其他地区引入旅游方面的专家；另一方面，旅游高等教育本身所具有的专业性决定了教师素质在学生培养中占据重要地位。首先，在师资来源上，中国高校教师大多是由教育部和各个省、市、自治区人民政府从其他高校、科研院所或旅行社作为客座教授而聘请过来的。其次，我国高等院校师资队伍中没有专门从事旅游教学工作的人员，而从事相关行业工作或在旅游企事业单位实习实践工作的人员占很大比重。最后，我国在教师引进和培训方面比较滞后。

随着经济全球化不断发展，我国旅游业日益繁荣，对高层次人才需求不断增加，国家越来越重视旅游高等教育领域人才培养工作。为适应旅游业发展对各类旅游专业技术人才需求不断增加的趋势和要求，加快建立一支高水平、高素质教师队伍已成为当务之急，从师资力量上看，国内院校在这方面远远落后于国外院校。因此，我国应该积极借鉴国外成功经验和合理做法，不断加大教育体制改革力度，积极建立适应旅游业发展需求、数量充足、结构合理、素质优良、爱岗敬业的高素质教师队伍，以提高教学质量和培养学生实践能力与创新能力为核心任务，努力提高我国高等教育服务在旅游行业发展以及旅游业转型升级中的战略地位。

二、实践教学方法及毕业生的就业方向对比分析

英国旅游高等教育在实践教学方面注重将理论教学与实际操作结合起来，在校内形成了一套完善的实习制度。一是要求学生在校期间进行一系列的实践环节，如实习基地的参观、导游模拟实训、毕业实习等；二是假期带薪实习时间一般在 6 个月以上；三是根据学生所学专业及就业方向，为毕业生提供有针对性的就业指导。我国旅游高等教育虽然也强调了实践教学环节，但没有一个明确、具体的教学方法，实践教学主要以教师讲解为主。

中英两国旅游高等教育的发展不平衡主要体现在人才培养的层次和方式上。英国旅游高等教育注重培养学生理论基础知识及实际操作能力，注重学生实践能力的培养；我国旅游高等教育重视培养学生实际操作能力与职业素质，但由于我国国情不同，各高校采取的方式也不尽相同。例如国内部分高校会将实习作为教学中的重要环节来对待，但国外旅游高等教育则更注重理论知识和实际操作能力相结合。

（一）实习环节

英国部分高校会在学期末安排学生到实习单位进行实习，并且规定一定的实习报酬，使学生获得与专业相关的实践经验。我国部分高校会在学期末安排学生到各大旅行社进行实习，但旅行社安排的时间较短。部分学校在开学时会将新生安排到导游公司或旅行社进行实训锻炼，也允许学生在校期间外出参观旅游景点，参加与所学专业相关的各项活动。英国部分学校实行弹性学制，在学年内只有 4 个月时间用于实习与实践，其余时间进行正常课程学习及专业理论知识学习；我国旅游高等教育实施弹性学制后，各高校普遍都对学生采取了假期带薪实习方式。英国旅游专业实行 3+2 与 4 年制两种学制结合模式，即第一年主要开设专业基础必修课程，如英语、高等数学、计算机等；第二年和第三年主要开设专业课程，如旅游心理学、旅游营销学等；第四年是专业课实习与实践阶段。

（二）带薪实习与理论知识相结合

英国的高校假期一般安排 3~4 个月带薪实习，这一时间也与实习工作的

内容和要求相匹配。学校会要求学生在假期去相关企业学习相关知识，并通过实践来检验自己的所学知识和实际能力是否符合岗位要求。同时，学校也会安排让学生在假期学习英语并参与一些工作，以培养学生的英语口语能力。我国旅游管理专业学生虽然也进行了带薪实习，但由于实习时间短及实习单位对实习生的管理不够规范等原因，出现了实习生"干与不干一个样、干好干坏一个样"和"走出校门进工厂"的现象。英国对于带薪实习的要求非常高并且非常详细，比如需要带薪带团、导游接待等，同时要求实习生必须能够熟练地使用英语进行交流。带薪实习作为理论教学与实际操作相结合的一种方式，在英国已经有了相当长的历史，在实践教学方面也形成了一套较为完善、行之有效的体系。

(三) 毕业实习及就业指导

英国的旅游高等学府为了使学生在毕业时能获得丰富的工作经验，通常会安排学生进行半年到一年的带薪实习，也就是在假期内带薪从事导游工作。此外，英国部分高校还会为学生提供职业规划、就业指导等方面的服务。我国旅游高等教育虽然也有明确的要求，但在实际操作中并没有统一的标准。一方面，在对毕业生进行就业指导时，我国大多数高校没有明确提出"就业单位"这一概念；另一方面，各高校虽然都强调了为学生提供有针对性的就业指导，但内容上存在很大差别。此外，学校方面对学生进行职业规划指导时主要强调学生在毕业时要具有一定工作经验和能力，以便于更好地适应工作环境，同时还要了解用人单位对毕业生有哪些要求、要具备哪些能力等。而在向毕业生介绍相关求职技巧时往往只局限于简单地介绍方法，并为毕业生提供有针对性的建议，如求职技巧、求职心理等，并不强调具体内容中所包含的技巧和相关信息。

第四节　英国旅游高等教育对我国的启示和建议

我国高等教育应坚持以培养服务于经济社会发展的应用型、复合型、创新型人才为目标，通过深化改革，提高教育质量，扩大开放，增强旅游高等教育的办学实力和竞争力。第一，根据社会需求不断调整并适应专业人才培养的定位目标，进一步明确人才培养的目标和特色；第二，加强师资队伍建设，提高教学水平；第三，深化校企合作机制的改革与创新。

通过对中英旅游高等教育进行对比分析可以发现我国旅游高等教育在定位上还存在着一定的差距和不足。第一，从社会需求来看，我国旅游高等教育培养的人才大多是服务于社会需求较多的岗位，而英国旅游高等教育则培养的是服务于旅游行业相对需求较少的岗位。在课程设置上两国也有一定差异。我国旅游高等教育更注重理论知识，更加注重实际操作能力的培养，而英国更偏向于职业技能教育。第二，从人才培养来看，我国旅游业人才培养体系中既缺乏职业意识、又缺乏职业道德；而英国则比较强调道德教育与职业道德训练。第三，从教学模式来看，我国大多采用"理论讲授＋实践操作＋现场指导"模式教学；英国采用"理论讲授＋实践操作＋实地训练"模式。第四，从校企合作方面来看，我国主要是与企业合作进行人才培养；而英国主要是与学校、政府合作进行人才培养，企业在校企合作中发挥主导作用。

通过对比分析可知：英国旅游业发展历史悠久，且具有较强的竞争力和可持续发展能力，因此我国需要以此为基础建立起完善的旅游高等教育体系以满足社会对旅游业人才的需求。首先要结合社会需求来调整课程设置。从中英两国进行对比分析可以发现：在我国高校旅游专业教育中存在许多的不足和缺陷，如在教学内容上缺乏前沿性和系统性；在课程设置上过于注重理论知识的传授而忽视了对学生实践操作能力的培养；在培养目标上则偏重学生掌握专业技能。因此，我国旅游高等教育应根据社会需求不断调整并适应专业人才培养的定位目标，进一步明确旅游高等教育的目标和特色。其次要以应用型、复合型、创新型人才为核心内涵来加强教学改革，深化校企合作机制改革与创新，加强师资队伍建设与管理创新。根据我国现行教育体制和高等教育资源配置体制进行改革以提高教育质量，加强实践教学环节中理论与实践操作相结合环节建设。最后，通过对比中英两国旅游高等教育的特点可以发现：英国在培养旅游专业人才上具有一定的优势，主要体现在英国拥有较完善的教育体系，拥有一支高素质、高水平的教师队伍和较完整的课程设置。英国的旅游高等教育模式可以为我国提供很好的借鉴，我国的旅游高等教育可以从以下几个方面加强。第一，提高高校对旅游人才培养的重视程度。第二，调整高校专业设置结构，增加本科层次的培养比例。第三，深化校企合作办学机制改革创新，提高学生实践能力与综合素质。第四，加强实践教学环节中理论与实践操作相结合环节建设，进一步完善"产、学、研"一体合作育人机制。加大校企合作力度，提高学生实践能力和综合素质，通过校企合作方式完善专业教学内容，培养出具有专业知识和技能以及良好职业道德意识的高素质旅游人才。第五，加强教师队伍建设与管理创新，要提高教师水平和质量，对教师队伍进行分类管理，要建立激励约束机制，对教师队伍进行评价及激励制度建设等。

总之，要转变教育观念，为我国旅游高等教育改革提供动力。旅游高等教育要适应经济社会发展的需要，不断创新人才培养理念，加强课程体系建设和实践教学环节改革以培养出高素质、高技能的应用型人才来服务于社会需求。加强理论知识体系创新及前沿性知识体系建设。当前旅游高等教育在教学内容上缺乏前沿性和系统性，从而无法满足旅游业发展对人才需求的多样化，因此需要加强对教学内容的研究与改革以适应旅游业发展需求。通过创新课程体系来提高学生学习的积极性。通过完善实践教学体系改革来提升应用型旅游人才的综合能力，加强实践教学体系建设以培养学生的创新性和实践性，增强其适应能力，创新人才培养模式以适应社会需求。加强实践教学环节改革，重视实践教学是培养高素质应用型人才的重要途径，同时也是实现人才培养目标的重要环节，只有通过不断的实践才能提高学生实践能力以达到培养高素质应用型、创新型人才目标。旅游高等教育的发展是我国社会主义教育事业发展中的一项重要任务，因此它需要有一个良好的生存与发展环境。

第六章

我国旅游高等教育和文化旅游产业的融合发展

随着我国对文化旅游经济发展重视程度的不断提高，文旅产业的融合发展理念也成了社会各界最为关注的要点。想要实现文旅产业融合发展，就离不开产业人才结构的优化和升级。高校旅游教育专业作为培养文旅人才的重要战场，只有充分发挥全新的育人理念，规划清晰的人才培养目标，不断深耕专业潜力，完善课程内容和体系，才能满足行业发展和市场需求。在此基础上，旅游高等教育想要和文旅产业的融合发展进行接轨，还需要转变高校当前的教育教学方法。积极拓展校企合作项目，利用分项培养、协同培养等思路，搭建更加科学开放的教育教学平台。丰富教学内容，拓展学生眼界，一方面提高旅游高等教育专业的毕业生就业能力，另一方面更好地满足产业融合发展的人才需求。

第一节　产业融合的概念和主要方式

计算机技术、互联网技术等高新技术产业的迅猛发展，进一步推动了全球经济一体化的进程①。在当下，无论是各行业的发展，还是人才、信息等资源的快速流动，都使得越来越多的新兴学科呈现出了文化交叉的现象。各种技术转移和技术升级使各行业的更新迭代速度越来越快，而支撑这种行业更新的核心原因就在于理念和人才的不断涌现。换言之，产业融合，不仅仅是产业发展的必然结果，更是一种时代背景下提高行业自身竞争力和存活率的有效方式。

---

① 詹文凤. 企业国际化战略选择研究——以光明乳业海外并购为例［J］. 财会通讯，2012.

文化产业和旅游产业两者之间拥有天然的共性①，因此在产业融合发展道路上，也形成了天然的优势。面对这种优势，应用型本科院校的旅游专业如何在教育教学工作中做到与时俱进，如何深刻落实国家政策和行业发展纲要，如何解决行业发展和人才需求之间的不匹配问题，都需要从高校教育和产业融合两方面入手进行深入研究，只有深刻地理解产业融合这一概念以及产业融合的主要方式，才能够找到专业教育教学工作的发力点。

一、产业融合的概念

首先，产业融合的概念是指由于技术的持续进步和相关政策的逐渐放开，在不同产业的边界和交叉处，必然会发生各种形态的技术融合。这种融合会改变原有产业的业态、产品的特征以及市场的需求，最终导致不同产业以及企业之间所存在的固有竞争和合作关系发生一系列的改变，从而使不同产业之间的界限变得模糊，甚至会生成全新的产业。

产业融合的概念，在当今社会通常被理解为一种经济现象，但是最初起源于信息技术领域。在 20 世纪 70 年代左右，世界范围内数字技术的逐渐成熟，导致如广播、电视、通信、邮政等信息行业之间出现了一系列的技术重叠和功能交叉。在这种功能的交叉过程中，不同传媒以及通信技术之间的行业壁垒被打破，初步呈现出了不同产业之间融合发展的态势。这种状态一直持续到 20 世纪 90 年代，随着个人电脑的快速普及，以及互联网逐步走入千家万户，通信技术和电子产品进一步引发信息革命。随着这种技术革新的影响力不断扩大，人类现代社会逐步走入信息化时代，而信息化时代的重要变革，就是在产业的经济化发展过程中，由于各种信息技术的影响而出现的产业融合。这种产业的融合发展，本身是建立在市场繁荣的基础上，以科技的现代化发展为诱因，在不同行业和产业之间完成的基础逻辑融合。这种产业融合不仅影响了产业的发展，同时也对高校教学工作和教育理念的战略性调整提出了更加深刻的要求。

二、产业融合的主要方式和类型

总的来讲，产业融合作为一种结果，其形成方式主要有三种：高新技术在

---

① 梁麟. 文化旅游融合下文化创意设计开发现状和对策［J］. 艺术品鉴，2019（7X）：2.

不同产业当中的渗透融合，产业之间的功能性延伸融合以及产业内部完成的重组融合①。

第一种方式，通常发生在高新技术产业当中，是高新技术逐步向其他产业进行渗透，从而引发的一系列融合效应。这种产业融合方式所形成的新产业通常具备互联网技术特性，例如传统商业在高新技术的不断渗透融合之下，形成了电子商务产业。又如，传统运输行业在各类高新技术的加持下，逐步渗透融合成为现代物流行业等。这种产业融合方式通常是在高新技术的加持下，从传统产业加速向新兴产业完成技术迭代。在升级的过程中会形成一系列新产品、新业务、新体系、新设备。时至今日，高新技术的运用，已经成为各个行业完成产业升级和产业发展最重要的元素，高新技术的渗透也成为新兴产业发展水平的重要标准。

第二种方式，所谓产业之间的延伸性融合，通常是指不同产业之间的业务有所交集，功能有所互补，在不断的磨合当中，最终实现融合。通常这种产业融合方式会使原有产业形成全新的市场形态和产品竞争，也会通过更高的商业附加值，对原有产业形成降维打击。简单来讲，产业功能延伸融合的本质是在传统产业的基础上形成全新的产业链条，并且通常表现形式是从第三产业向第一产业和第二产业进行延伸和渗透②。具体来说，金融服务、法律服务、广告服务等一系列带有服务倾向的行业，在向工业和农业进行产业渗透的过程中会借助自身领域的专业体系，形成一整套更加高级的信息反馈制度。这种制度能够在企业管理、日常培训、市场销售、客户服务、存储运输等各个环节发挥作用，最终形成传统产业的产业升级，并且这种全新的产业体系也更加适应全新的时代背景和社会环境。

最后一种方式是产业内部的重组融合，通常发生在高新技术的迭代或者国家供给侧结构性改革发生的时间节点上。无论是密切相关的不同产业，还是同一产业内部的不同行业之间，随着时代的发展，都有可能发生内部重组融合，而这种重组和融合通常是以信息技术作为纽带，发生在产业内部的不同产业链条上。而融合后的新兴产业，通常具有较为鲜明的数字化特性、信息化特性、网络化特性和智能化特性等。比如农业发展在信息化技术的加成下，可以形成一套养殖、畜牧、种植功能齐全，并且具有文化属性和旅游属性的生态农业体

---

① 张铮. 产业融合背景下人才需求及高校培养策略探析 [J]. 学理论，2015 (14)：3.
② 何楠. 合理运用合作教学有效提升高职学生学习与技能水平 [J]. 智富时代，2019 (2)：1.

系。这种产业形态不仅会催生出全新的农业产品，更可以为人民群众提供符合时代特色的全新服务内容，将所研究的文化和旅游产业融合，使其在一定程度上具备上述三种产业融合的特性。而想要满足这种产业的融合对人才的实际需求，就更需要高校深入理解产业融合的概念和意义，清晰地认知文化和旅游产业融合所产生的各种可能性。

三、产业融合背景下的人才需求变化

（一）高新技术人才的需求

高新技术是指综合科学研究得出的，适用于当代的前沿尖端技术。高新技术通常不会受到地域和文化的限制，在不同产业领域能够发挥不同作用。高新技术所具备的典型特征是会在原有技术的基础上，不断进行自我革新和自我优化。掌握高新技术的人才通常在各自领域内具有更强的专业技术性，对于高新技术的应用理解层次更深，在日常工作中也具备更强的创新性。在信息化时代，想要提高产业的市场竞争力，就必须找到本产业和高新技术的有效结合点。可以说在当前时代，所有产业的融合和发展都是由高新技术所引领的，想要有效促进产业融合，就必须要培养具备高新技术使用能力的专业人才。在信息化时代，高新技术企业大量出现，很多传统企业也在向高新技术方向转型。这不仅代表着我国产业融合的思路和高新技术进行了有机结合，同时也说明了各个产业对于高新技术的人才需求保持着持续增长。高新技术成为产业融合的原动力，高新技术人才也成为产业发展的核心力量。高校作为优质人才培养的重要基地，同样需要立足于各类新兴产业的融合发展，立足于强化高新技术人才的优化培养。对于文化和旅游产业的融合而言，高新技术人才的培养思路应当立足于新兴信息技术和文旅产业的结合，高端文旅设备、战略性新兴理念和文旅产业的结合上。比如大数据技术、区块链技术、元宇宙技术等，都可以成为文旅产业融合发展的重要切入点。只有更多高校学生具备了高新技术思维，才能让高新技术在文旅产业生根发芽，为我国的文旅产业融合和发展，培养出更多优质人才。

（二）复合型人才的需求

复合型人才是指掌握两个或多个专业的基础知识和应用能力，这种综合能力更强的全面型人才，往往在跨专业、跨领域或跨学科的工作当中具备更大优势。这种人才往往在不同专业和领域同时具备扎实的理论基础，并且具备单一专业人才所不具备的文化视野和知识面。同时，在不同专业和领域知识的共同构架下，复合型人才的专业应用能力更强，创新意识更强，素质也更加全面。通常复合型人才可以在不同专业和学科领域内同时汲取知识，并相互参照。这就使得其自身的知识结构在具备广泛性的同时，也可以运用更加科学的思维方式来解决不同领域的问题。在信息化社会，大量的新兴产业应运而生。这些新兴产业往往就是在两个或多个传统产业的共同影响下造就的，也使得很多新兴产业具备多种传统产业的特征和共性。因此，复合型人才可以获得更加广阔的社会发展空间。事实上，无论是传统产业还是新兴产业，想要在未来的市场活动中提高自身竞争力，拓宽生存和发展空间，都必须突破舒适区，突破行业的限制，甚至突破传统市场。这样才能将整个产业体量做大，开辟全新的市场，而不是将传统市场进行简单的重组和分割。在此背景下，具备复合性特征的人才，在新兴产业的调整优化和升级过程中能够立足传统市场，结合其他产业进行整体化的互补性思考。这种思维方式就导致了在产业融合的发展趋势下，能够进行跨行业、跨领域、跨产业的复合型人才可以满足企业的更多需求。不论是产业融合过程中所诞生的新技术、新理念，还是全新的服务体系和生产方式，复合型人才往往都能够在客观上提高消费者的需求层次，而面对这种变化，企业在市场活动中也必然会产生更多的综合性就业岗位。比如在自媒体大环境下，无论是政府职能部门，还是企业宣传部门，都需要通过不同的媒体平台来进行自我宣传和自我包装。相关岗位在产业融合的趋势下，就要求相关工作人员具备更加全面更加综合的工作能力。随着越来越多的企业都将目光集中在新兴产业和领域，市场上对复合型人才的需求量也将会迎来急剧增长，对于复合型技能的要求标准也会越来越高。

（三）创新型人才的需求

同时具备创新意识、创新精神、创新思维和创新能力的人才，可以称为创新型人才。这种人才的最大特点在于可以利用自身的创新意识和掌握的各种专业知识，不断取得创新成果。产业融合的基础是技术创新和技术融合，具备创新意识和创新能力的人才，在技术创新环节往往具有得天独厚的优势。这些创新型人才也会成为产业融合的急先锋。重视创新型人才的发掘与培养，是产业融合发展的重要先决条件，也是实现传统产业快速迭代的最有效途径。任何一个产业如果缺乏足够的创新型人才，都很容易导致产业自身活力不足，很难紧跟时代发展的节奏，很难满足快速变化的市场环境和消费需求，就会失去技术创新和技术融合的主观能动性，阻碍产业的整体变革效率，将影响产业融合的可持续发展。尤其是文化和旅游的产业融合，本质上就是一种创新型思维的拓展和运营，是两个极具创造性的产业不断碰撞火花的过程，因此也需要更加注重创新型人才的培养和吸收。文化产业讲究灵感，旅游产业讲究不断推陈出新，从这一视角下不难看出，文化和旅游产业的融合在一定程度上就是创意思维的碰撞。因此，高校着重提高学生的创新意识和创新精神是至关重要的，提高学生的创新思维和创新能力是必要的。只有旅游专业的学生敢想敢做，才能促进文旅产业融合发展。

（四）国际化人才的需求

产业融合发展在一定程度上，必然会突破地域限制。这不仅是市场升级的主动选择，同时也是全球经济一体化发展的重要方向。国际化人才是指具备全球经济意识的人才，是指具备开放精神和冒险精神，可以主动探索经济全球化发展的人才。这种人才往往所处的环境和学习的专业都具备一定的国际交流属性，这才能够让其更加深刻地了解当前国际形势和各国之间展开的合作和竞争。国内的产业融合发展思路以及方向，和国外有着极为鲜明的差异。这种差异表面上来看是不同政体和法律体系之间的差异，实际上却是不同文化圈层之间的意识形态差异。因此，具备国际化思维能力的优秀人才，通常需要具有较强的综合能力，其知识结构更加丰富，具备灵活的应变能力。更重要的是，在不同产业和领域当中，还需要拥有国际认可度较高的执业资格证书。现如今，产业融合、产业创新、产业发展已经不再局限于某一区域内。越来越多的从业者认识到了封闭空间对于产业发展的局限性，从而选择投入更加开放且多元的区域内。只有参与更多区域的产业活动，和不同的价值体系相融合，才能获得更大的市场空间，而这也成了当今世界产业发展的全新趋势。

因此，不论是传统产业还是新兴产业，想要获得更好的发展环境，都需要参与到更大的市场竞争当中，并且对国内市场和国外市场进行双向标准的制定。对于文旅产业而言，不仅要注重国内市场的经营发展，更需要在国际环境中勇于探索，勇于创新。国内企业要加强和外国企业的深度合作，从资金、理念、技术、人才等不同环节开展合作。借助传统产业的行业优势，结合新兴产业的思维模式，打造适合当前文旅市场的业务体系，从而形成具备可持续发展属性的整体产业格局，不断推动文旅产业的融合发展，不断扩大我国文旅产业的覆盖区和产业价值链条。而要实现这一目标，就更需要注重在社会经济发展的开放时代，培养具备更强国际化属性的优秀文旅人才。

（五）高适应性人才的需求

适应能力更强的人才，体现在产业融合发展的各个环节当中。随着全球产业分工体系价值链的不断提高，低附加值产品正在逐步向高附加值产品变化。不论是农业还是工业，低加工度向高加工度发展，都在成为一种常态。生产普通零件到生产关键核心，也成为产业融合升级的有效途径之一。这种专业化的分工与协作模式，是一个完整且精密的系统。对于一家企业而言，岗位的分工和协作最终决定了企业自身的生产力。对于一个产业而言，产业升级模式的创新代表着该产业具备在国际社会环境中较高的竞争力。这种竞争力体现在产业真正立足于高新科技，立足于人才培养，立足于产业融合发展，立足于针对市场结构变化的分析和应对方式。产业融合会使市场结构发生极为复杂的变化。市场容量本身的有限性和各个企业所追求的经济规模不断扩大，这两者之间存在天然不可协调的矛盾。这种矛盾必然会造成产业相对集中，企业在产业发展过程中数量持续减少。这种变化必然会导致不同行业的市场结构在各个企业的竞争关系和合作关系当中，发生周期性的持续合理化推进。产业的融合发展会使产业的内部竞争变得更加合理，企业和组织资金的关系也会在全新的市场形态下不断建立和改变。这种不断改变竞争范围，使市场从垄断竞争向完全竞争转变的趋势就会导致经济效率大幅度提高。换言之，越是进行产业融合，就越会导致市场环境错综复杂。产业越繁荣，市场竞争就越激烈。因此，培养具备抗压能力的高适应性人才，能够在面对不同问题时保持冷静分析。在激烈竞争的市场环境中，仍然可以持续学习和进步的人才是高校应该重点培养的方向，也是文化和旅游产业发展中不可或缺的人才基础。

第二节　文旅融合背景下高校人才培养面临的挑战

随着我国现代化建设脚步的飞速迈进，对于人才培养的定义和重视程度也在不断提高。根据《国家中长期人才发展规划纲要》的界定，具有一定的专业知识或专业技能，进行创造性劳动并对社会作出贡献的人，是人力资源中能力和素质较高的劳动者。根据上述内容不难看出，当前我国针对人才的规划，需要立足于创造性的岗位、服务性的岗位。而相关人才对于国家建设的贡献率是普通人的 10 倍左右，因此也不难理解，国家以及各行各业对于人才的重视程度①。

　　文旅融合背景下的高校人才培养工作，不仅要符合国家现代化建设需求的人才战略，更是我国文化和旅游事业发展的核心。为了加强文旅行业人才培养的效率和质量，文化和旅游部编制出台了一系列文件，如《全国文化系统人才发展规划》《"十三五"旅游人才发展规划纲要》《关于加快发展现代旅游职业教育的指导意见》等。上述政策和措施不仅加强了社会层面对于文旅人才培养工作的重视，同时还推动了一系列人才培养工程计划，比如万名旅游精英人才计划、中高级导游云课堂研修项目等。即便目前我国已经清晰地认识到在文化和旅游产业融合背景下人才培养工作的重要性。但真正的优质人才培养工作，需要一个完善且精密的复杂系统。其中不但包括人才定位和人才战略，更需要完整的人才培养政策和模式。当前在我国建设社会主义现代化文化强国的大战略指引下，文化和旅游产业的融合已然上升到了国家战略层面。而为了满足文旅产业融合的实际需求，应用型本科院校旅游专业培养行业人才的工作落实也面临着全新的诉求和挑战。

一、产业融合变革提出的需求

　　虽然文化和旅游产业的融合已然取得了巨大成效，但不可否认的是这两个产业都拥有着各自的特性和内涵。文旅产业融合发展绝对不仅仅是 1 + 1 = 2 这样简单的算法，其核心目的和意义更在于将原本单一产业的核心价值进行有机融合，形成全新的系统。在此过程中，既可以发挥两个产业原本各自的优势，同时也可以借助产业融合的思路来规避传统产业的劣势。而从人才培养的角度来看，培养单一产业的人才尚且有法可循，能够按照单一产业的相关体制进行。但在产业融合的大背景下，文化和旅游人才的培养工作就不能受制于行业自身的体系和限制。可惜的是，产业融合工作虽然能够顺利推进，但是培养双向介入、相互借势的人才仍然十分困难。相比于其他新兴产业而言，文旅产业

---

　　① 刘兆修. 创新社会服务模式提高对区域经济社会发展的贡献率 [J]. 山东青年，2013（7）：109 – 110.

的人才培养工作相对滞后。而这既是文化和旅游产业融合发展需要重视的问题，也是打破两个传统产业壁垒，发挥产业融合核心价值的有效途径。

事实上我国在针对文化和旅游产业进行融合之前，就已经尝试性地将部分文化和旅游产业进行了融合性的实验。这种实验包括了经营主体的融合，也包括了各种项目的融合。其中较为典型的是音乐旅游项目、电影旅游项目、博物馆旅游项目和非物质文化遗产旅游项目等。同时，各大博物馆文化馆也针对性地结合本地文化元素开发了一系列文创产品的全新营销模式。另外还有大量文化主题公园和文化旅游小镇等项目，也成了我国新时代文化和旅游产业融合的重要力量。可以说，正是由于我国针对文化和旅游产业融合进行了大量的前期实践，才为产业融合之后人才培养工作明确了方向和目标。产业发展所带来的影响和变革是全方位的，上到政府各职能部门以及相关机构对于文旅产业的创意立项、专业规划和经营管理，下到实际业务的运营理念、公共服务和人才培养。系统的人才培养规划思路不仅对文旅产业融合之后的从业人员综合能力提出了要求，也对相关人员的跨专业能力、跨领域接受力、创新创造能力和复合型能力提出了不同程度的挑战。

二、产业环境变革带来的挑战

所谓产业环境的变革，主要是基于我国经过 40 年改革开放之后，经济环境已然从高速增长发展到高质量增长阶段。这种经济环境发展带来的变革，也推动了文旅产业融合发展的内在需求。通俗来讲，人民群众的物质生活水平得到提高，对于文化和旅游行业的需求也在激增。而经济发展所带来的最直观影响，就在于老百姓对于文旅产品的实质追求，正在逐渐从日常化转变为差异化。而想要满足这种差异化服务，就需要从行业体制改革，以及行业人才培养这两个方面来进行优化和调整。从市场发展的角度来看，随着大众文化和大众旅游项目的逐渐兴起，新时代消费者更加注重服务项目的情感化体验、品质化体验、个性化体验。表现在于消费者对于文旅产品的质量追求更高，对于产品的设计和服务等细节更加看重，对于消费过程中所得到的一系列服务需求更加凸显。而要满足这种情感需求和质量需求，就离不开创新创意型人才的设计，离不开高新技术型人才对文旅产业和信息科技的结合。从技术发展的角度来讲，随着互联网技术和电子信息技术的飞速发展，越来越多高新技术已经和文旅产业进行有效融合，比如移动消费和线上支付功能、虚拟现实技术、大数据技术等在文旅产业中都得到了极为广泛的应用。这种技术加持在一定程度上推动了文旅产品的创新，但也对行业内掌握高新技术人才提出了全新的挑战。培养新兴文旅产业的人才不仅要掌握行业知识，还要了解行业的发展，因为其知识结构和技能形态都发生了巨大的转变。

三、产业功能变革形成的导向

在分析文化和旅游产业融合的原因时不难看出，这两个产业的融合，一方面是受到了经济体制的影响，需要承担更加重要的经济发展功能；另一方面，文化和旅游产业的融合也是改革开放以后，我国第三产业发展和社会建设的一个重大战略决策。时至今日，文旅产业在我国国民经济体系中占据着越来越重要的地位。"十三五"规划纲要当中更是提出了公共文化服务体系基本建成，文化产业成为国民经济支柱性产业的目标和战略。

目前我国已经进入了中国特色社会主义新时期，文化和旅游产业的融合以及变革，是直接关系到我国文化自信战略以及中华民族伟大复兴的关键节点。文化和旅游产业的融合已然变成了承载我国文化自信的有效载体，成为传播中华民族伟大复兴理念的重要工具。全新的文化和旅游产业功能已经逐步从单一的经济属性，转变为对外输出文化软实力，建设国家新形象的一种展示。基于全球经济一体化的战略，文旅产业融合也变成了推动全球文化新秩序和人类命运共同体的一种综合目的。对于上述内容，产业的变革形成了完全不同的功能。而这种功能的转变也使得产业人才培养形成了全新需求，高校不仅要立足于国内的行业发展进行人才定位，同时也需要站在更加宏观的视角下，培养出更多拥有综合能力，拥有跨领域甚至跨文化体系工作的优质人才。可想而知，未来文旅产业的人才培养，必然会转向超越个体，甚至超越国家的视角去进行思考。只有将文化和旅游产业上升到全球层面，上升到全人类层面，更加注重人类社会未来的发展，才能培养出符合时代发展对优秀文旅人才的需求。

第三节　文化和旅游行业人才培养的理念转变

思维和理念是行动的先导，为了更好地应对我国文化和旅游发展，行业人才培养会遇到各种挑战，这就需要先从思维理念的层面来破解两个产业融合发展模式下行业人才队伍建设不平衡的问题。只有充分探索，注重理念创新，才能转变文旅行业人才的培养观。这种观念的转变是媒体行业发展的基础，也是人才培养的首要任务。只有奠定了全新的人才培养理念，才能在后续采用课程内容设置以及教育教学方式优化等方式有所作为。

一、构建专业人才培养的全球化视野

联合国针对当前世界发展的进程提出了具有可持续发展的 17 个大目标。这些目标制定的主要目的是让全人类拥有更美好和更可持续发展的未来。但同时随着这些可持续发展目标的制定，人们也重新审视了当前全人类所面临的各项挑战。其中就包括应当如何消除贫困，如何提高食品安全，如何优化教育问题，如何解决气候问题，如何面临环境退化，以及世界范围内如何实现共同繁荣和平等一系列问题。联合国教科文组织也多次强调，在面对当今世界复杂的环境和变化时，教育系统应当秉承全球共同利益这一核心理念，践行人文主义价值观。这种价值观，在一定程度上和习近平总书记所提出的推动构建人类命运共同体，共同创造人类美好未来这一重大理念具有高度的契合性。因此，我国教育系统的改革以及未来人才的培养，同样需要树立起全球价值观，坚持以人的全面发展和全人类的根本共同利益福祉为核心。对于文旅产业如何发展，高校应当如何立足全球价值观，这些也成了各大高校领导和教师需要深入研究的课题。文旅产业的发展，一方面涉及全世界不同地区和不同国家的文化圈层，另一方面涉及旅游行业在世界各地发展的形式和形态。因此，应用型本科院校在文化和旅游产业融合发展的过程中，应当拓展全球化视野，帮助学生了解文化圈层的差异。

二、树立行业人才培养的现代科技观

近年来，随着各类现代化科技的重大改革和突破，以科技创新拉动产业发展成了很多领域的主旋律。科技在教育系统中的重要作用是显而易见的，也成了人类培养未来人才的关键力量。尤其是人工智能技术、区块链技术、云计算技术、大数据技术等有代表性的互联网通信技术变革更是对人才培养的有效方式产生了重大影响。例如人工智能技术可以通过营造不同的教学场景来改变学生的认知和思维方式，激发大学生的学习兴趣和主观能动性，这种思维模式和教学模式的改变可以极大地提高学生学习效率，改变行业人才培养模式。又如移动互联网技术和新媒体数字技术快速发展，也为教育教学工作拓展了多样化的形式，例如网络教学知识付费等都在一定程度上影响了我国教育体系的发展，甚至在一定程度上改变了教育工作的社会化进程。根据我国颁布的《中国教育现代化 2035》文件，想要保持人才培养的创新能力和可持续性，就要重视现代化技术的应用，以此来推动人才培养模式的改革，真正做到将个性化教育和规模化教育有机结合。文旅行业人才培养，离不开现代化科技，树立教育工作的科技化理念，培养现代化人才的科技观，对于探索整个文旅产业的创业创新发展都有着积极意义。时至今日，文旅产业和现代化科技的融合方式越来越多样化，成果也越来越喜人。其中比较有代表性的项目是基于文旅产业和区块链技术打造的元宇宙项目。大量艺术行业从业者和旅游企业利用自身掌握的各种 IP，通过创意思维形成了线上带动线下的各种文旅数字化收藏品，一度在市场上受到广大消费者的追捧，而这种文化产业数字化发展，对于文旅产业的可持续融合，形成了重要的参考意义。

三、打造体系人才培养的系统化思维

在传统的教育体系和人才培养理念中，通常会将正式教育当作人才培养的常规方式，甚至有些专业还会将其作为培养的核心模块。但随着各种现代化理念的逐步普及，越来越多的专家和学者认识到，在人才的培养和成长过程中，能力的形成不仅包括知识的获取，同时也包括了技能的锻炼和综合能力提升等多个方面。教育作为一种常规学习方式，在知识获取环节固然有其重要作用，但是在实践教学和其他能力培养方面却有所欠缺。而想要提高各行业人才的综合能力，除了正式教育之外，还离不开技能培训以及综合能力的锻炼应用。因此，在学术界也形成了如终身教育，或者学习化社会等理念。这些理念一方面强调不同行业人才培养对于教育的重要依赖性，另一方面也在尝试摆脱正式教育的传统封闭性。换言之，带有封闭性的教育模式，只能培养理论性人才或学术性人才。而在我国当前的发展形势下，很多专业所急需的应用型人才或实践型人才却需要利用开放性教育，为每一个个体提供更加多元化的学习机会。这种学习机会不仅限于校园当中，也不仅限于学什么的求学阶段，而是要将整个学习的过程和周期拉长，将教育和学习这种行为拓展到人生的每一个阶段。这种方式，其本身是超越了校园范围的一种学习活动，进而也衍生出了社会性学习这种方式。将学习教育和社会活动进行有效融合，既能够让学生的理论知识得到进一步夯实，同时也可以培养行业人才对于本专业的体系化认知。尤其是对于文化和旅游行业的人才培养，更需要让学生对两个产业形成立体化的认识，形成全方位的了解。这样才能拓展出更多具有创新性的多元化培养途径，让学生的综合能力得到提升，处理问题的方式更加灵活。在实际操作中，高校将传统教育进行深耕，并且和培训工作进行系统融合，统筹社会层面的各种资源，共同打造全新的人才培养体系，让学生具备行业的系统化思维。表 6 - 1 为系统化思维训练模式。

表 6 - 1　　　　　　　　　　　　系统化思维训练模式

对比因素	培训	能力开发	非正式教育	正式教育
活动的焦点	知识、技能、能力和任务绩效	个人潜能和未来工作的角色	个人开发和人生经历	为实现特定结果开展的结构性能力
目标清晰度	能够清楚地界定	用一般性的目标来表达	对个人是独特的，但很难表达	用一般性的目标来表达
时间范围	短期的	长期的	终身的	特定时期的
潜在价值	相对稳定，强调提高	持续的改变，强调潜能最大化	渐进式的改变，强调提高	持续的稳定，强调突破
过程属性	结构或机械的	有机的过程	有机的过程	结构和机械的
活动内容	与特定工作相关的态度，是否能够胜任	个体所有的技能和人际关系	为教育提供的相关经验	加强或特定的过程
使用方法	说服性实践反馈	教练、咨询、指导、监督、同行学习	经验、观察、实验和反应	讲座、指导性阅读、辩论、自我管理
过程的结果	技能和工作绩效使得工作具有的意义	提高问题导向的决策能力	个人的结果和对个人有意义的影响	外在的特殊性结果
学习策略	推理性策略	技能建设和归纳策略	归纳性策略	推理和归纳性策略
过程属性	由外而内	内外结合	主动求索	依靠外部
训练者角色	传授技能和指导	教练、咨询和辅导	主要由学习者个人进行把控	专家指导

第四节　文化和旅游行业人才培养的重点方向

行业人才培养的关键方向需要立足于当前行业的发展，契合行业的核心价值观，满足行业未来的核心需求。文旅产业具有天然的耦合性，因此，从价值观的角度进行分析，两个产业的深度融合必然会形成 1 + 1 > 2 的经济价值和社会价值。在当前的时代背景下，我国文旅产业融合承载着多项重要使命，比如优化公共价值、增加产业价值、创新文化价值等。基于这三项重要使命，在文旅行业人才培养过程中，应当梳理出发展的重点方向。

一、重点培养具有公共价值创新的管理型人才

把人民对美好生活的向往作为奋斗目标，是我党针对文化和旅游产业融合发展寄予的一种希望和要求。文娱产业作为满足广大人民群众日益增长的精神文化生活需求重要载体，肩负着增强人民幸福感和获得感的重要使命。和传统的文化产业以及旅游产业相比，文旅产业融合具有更加明显的公共价值属性。在全新的公共服务理论当中，公共价值创新主要包括三个维度，即创造公共价值，拓展公众参与以及建立开放的公共服务获取和递送机制。目前，我国文旅部门和公共管理部门正在通过一系列尝试积极地回应人民群众对于美好生活的迫切向往。而在公众参与环节，相关部门和文旅企业也在不断利用全新的服务理念和现代化技术，建立优质的公共服务模式。基于上述内容，我国当前针对文旅行业人才的培养工作，也需要着眼于培养大量既懂得文旅行业发展，又了解政府和公共管理的综合性人才。这种人才的培养就在于建立起符合我国当前社会发展的文旅行业机制，充分发挥文旅产业创造人民群众美好生活的作用。能够提前预判行业发展可能存在的各种问题，并对行业发展出现的各种不平衡进行有机协调。各种类型人才既可以充当行业发展意见的提供者，也可以成为人民与政府、人民与公共部门之间的共同价值创造者。

此外，政府和公共资源管理人才也会成为行业战略和政策的制定者，成为文旅产业全新理念和模式的推动者，成为国家相关战略和政策的执行者。对相关岗位的人才培养在一定程度上决定了我国文旅产业未来发展的上限，也是促进文化和旅游产业高度融合发展的先导性、基础性工程。因此，培养具有公共

价值创新意识的管理型人才，就是在培养文旅产业融合发展的探路者。这种类型的人才既需要具备公共服务意识，能够肩负相应的管理工作，同时更需要对中国特色社会主义核心价值观有极高的认同感，在从事相关工作时，可以充分发挥自身的创新意识。高校作为相关行业人才的培养主体，想要实现这个目标，就不能将教学重点局限于课堂理论，更需要充分发挥高校立德树人教育理念，营造良好的高校学术氛围，提高学生的职业道德水平和综合素质。

二、重点培养承载产业价值创新的经营型人才

时代发展对于产业更新而言有着十分重要的影响。这种影响力不仅发生在产业的形态表面，更会深入整个产业的核心价值当中。管理学大师波特（Porter）认为，产业的价值只能从设计、生产、流通和消费整个链条里产生，因此产业价值不是由单一活动实现的，而是由整个产业价值链创造的。这一理论的核心内容在于，任何一个产业的价值，其展现形式都是一个完整的链条。链条当中的每一个环节发生了改变，都会影响产业链条最终呈现的效果。时至今日，随着现代化技术的快速发展，更多无形的产物在产业当中的价值越来越高。尤其是经营管理，在很多新兴产业当中发挥着不可取代的作用。经营管理的理念越新颖，就越容易打造出符合当代的产品。经营管理的模式越与众不同，就越可能产生爆点思维。现代化的产业价值创新，突出强调顾客能感知到的价值，只有顾客感知到的价值才能产生经济性，才能促进产业发展。这种逻辑思维在互联网时代更加明显，所谓的品牌效应和品牌影响力，就是借助顾客感知和情感的营造，形成了一种无形的消费黏性。而这种品牌效应，也在越来越多的行业当中找到了自身的立足点。

纵观产业革命历史，企业家的创造性组合和经营管理人才的系统性努力，更有助于实现一个产业的发展。甚至在网络时代，创新创业也找到了很多行之有效的套路和模板。比如利用各种知名 IP 进行联名打造，其本身就是不同品牌利用自身在行业内部的影响力，进行的一种跨领域文化传播。文化和旅游的宝贵资源，也需要通过产业经营管理人才的卓越努力，才能将其活化并释放出可观的产业价值。这种方式在国外通常以领域或跨界的形态出现，比如音乐圈和体育圈的合作，能给双方的用户营造一种新鲜感。但是在国内，由于我国进入现代化阶段之后，所形成的行业领袖尤其是知名产品数量较少，因此这种产业价值或产业理念的相互融合，大都是以知名 IP + 产品模式的形态出现。例

如：故宫一系列"上新"模式及其文创产品的开发，就是借助了故宫博物院的 IP 效应，开拓了故宫文化与旅游融合的新模式。一经发售，就被广大网友称呼为国潮单品，不仅打造了具备新时代气息的传统文化形象，同时创造了良好的经济效益。又如，周庄对三毛及其文学作品的开发，为周庄古镇旅游注入了新的文化色彩。并且借助社会层面的影响力，对古镇内部的旅游项目进行了重新梳理和升级。其中最有代表性的就是大量有关音乐、艺术、文化、后现代元素的店铺，吸引了大量"文艺青年"游客到访等。这种模式在我国很多古镇都得到了效仿和复制，同时也取得了令人瞩目的成效。而其中最为经典的思路，就是满足当代年轻人的消费心理，营造一种符合年轻人的消费需求，通过经营措施的调整和升级，完成了传统旅游行业相关产业的自我革新。因此，实现文化和旅游产业价值的挖掘和创新，需要培养大量懂得文化和旅游产业经营管理，并能为顾客提供和创造价值的经营管理人才。尤其是在当今社会，经营管理人才除了需要具备扎实的理论基础，更需要具备开阔的眼界和创意性思维。比如在大量的民宿项目当中，融合哪些文化要素才能吸引客户，借鉴哪种经营模式才能拉升营业额，都成为衡量经营型人才创新能力，以及项目是否能够承载产业价值的关键衡量标准。

三、重点培养具备创新创意价值的设计型人才

坚定文化自信，建设社会主义文化强国。文旅产业的发展，最主要的任务就是对外宣扬我国文化，提升我国软实力。中华民族有五千多年的文明历史，创造了灿烂的中华文明。借助文旅产业融合，培养更多具备创新创业价值的设计型人才，坚定文化自信的主要实现路径，就是要发挥文明行业特性，深刻洞察我国不同历史阶段所创造的丰富文化。借助各种现代化理念和手段，进行创造性转化和创新性发展。通过创意、创造和设计的渠道进行广泛传播，真正实现以文促旅，以旅彰文。

以文促旅，就是要深挖文化元素，了解当前人民群众的文化需求，带动旅游产业发展。文化需求是旅游活动的重要动因，也是拉动文旅项目消费活动的关键要素。通过文化资源的利用、文化创意的引入，提升旅游品位、丰富旅游业态。比如东北冰雪旅游，就是在冰雪文化的基础上构建了一系列有创意的项目和品牌。从以往单纯的吸引滑雪爱好者，到如今打造一系列文化场景。通过公共文化平台的使用，促进旅游推广、提供丰富服务。以旅彰文，旅游是文化传播的重

要载体。大量原本不为人知的文化元素，就是通过旅游这种方式得到有效传播。通过旅游产业化、市场化，丰富文化产品供给方式、渠道、类型，带动文化产业发展。文旅融合是满足人们高品质生活追求的必然要求，要推动文化和旅游高水平融合、高质量发展，努力创新实践，做深做实，布好融合这盘棋。文化和旅游相互支撑、优势互补、协同共进，才能形成新的发展优势、新的增长点。文旅融合背景下旅游行业现状将文化发现创造价值和旅游体验分享价值有机结合，充分发挥文化和旅游叠加。基于新理念，借力新技术、新模式，在创新思路引领下新业态、新产品不断呈现，文旅融合已成为休闲旅游的重点。

随着信息技术的发展、跨行业加速融合和全域旅游发展理念的深入推进，现代旅游已充分发挥了文化和旅游融合的溢出效应，以"商、养、学、闲、情、奇"新六要素为核心的旅游新业态层出不穷，用文化这个最好的旅游资源激活了旅游这个最广阔的文化市场。尤其是近年来，自媒体平台的逐步成熟，也带火了大量的文旅项目。其中比较有代表性的如大唐不夜城，就是从一条不倒翁小姐姐的视频开始爆火网络。甚至当事人在走红网络之后还不自知，可以说这就是时代赋予文旅融合发展的一条重要道路。文旅融合时代下旅游市场发展趋向多元化和多样性，旅游业转型升级已势在必行。文旅融合促进业态融合，要实施"互联网＋"战略，推动文化、旅游与科技融合发展；推进文化生态保护区和全域旅游发展；推动传统技艺、表演艺术等门类非遗项目进旅游景区、旅游度假区；推进红色旅游、文化遗产旅游、主题公园、文化主题酒店等已有融合业态提质升级。文旅融合促进产品融合。比如有些动物园的日常经营就融入了文旅产业融合理念，为动物园里的动物开设自媒体账号，通过点赞打赏的形式，线上投喂各种动物。这种形式同样吸引了一大批动物爱好者，虽然这种项目的呈现方式在互联网上，但是仍然可以将其归纳为一种文旅形式。

应以文化创意为依托，推动更多资源转化为旅游产品，推出具有文化内涵的旅游商品；建立文化主题鲜明、文化要素完善的特色旅游目的地。开发集文化创意、度假休闲、康体养生等主题于一体的文化旅游综合体；推出研学旅游、工业旅游、文化遗产等专题文化旅游线路和项目。文旅融合的理念还能促进文化和旅游消费形成长效机制，顺应人们高品质生活追求。越来越多的消费者已经开始将文化消费和旅游消费变成自身的消费习惯，而这种消费习惯所形成的市场，推动了一种全新的消费升级趋势。这时候消费升级趋势最典型的特征在于，人民群众的线上消费积极性得到了极大提高，越来越多的消费者不再盲目追求高消费，人们的消费习惯变得越来越理智。大量消费者在网购的过程中甚至喜欢上了货比三家的体验式消费，另外，很多带有时尚属性和热点属性的消费品，能够快速吸引消费者尤其是年轻人的眼球。文旅产业的模式也大都如此，变得越来越智能化和一体化。

在融合发展理念下，"文化旅游+"深入开展大有文章，要做特"文化旅游+体育""文化旅游+节庆"，做深"文化旅游+养生""文化旅游+美食"，做好"文化旅游+互联网"。按照全地域覆盖、全要素整合、全领域互动、全社会参与的思路促进旅游行业发展。在这一发展进程中，文化和旅游业作为我国增强和彰显文化自信、提升国家软实力的重要力量，实现其文化价值创新的关键就是要培养大量在文化和旅游产品及服务的创新创意策划研发等方面具有突出创意创造和设计的人才。

第五节　文化和旅游行业人才培养的相关问题

文化和旅游行业人才的培养工作，需要着眼于新时代文化和旅游行业融合的特征和发展趋势。而其中矛盾冲突最为严重的核心问题包括以下几个方面。随着我国步入高质量发展阶段，建设社会主义文化强国的目标迫近。面对这样的国内环境和国际局势，需要什么类型的文化和旅游行业人才？这些人才除了借助高校以外，还能由谁来完成培养工作？为了培养相关行业的人才，作为培养主体应当如何对自己的角色进行定位，对自己的功能进行梳理？不同的人才培养主体之间应当怎样协同合作？在协同合作的基础上又应该如何面对中国乃至世界范围内的文旅行业发展？在规划行业人才培养战略的过程中所选择的路线和对策有哪些？政府、行业组织和教育机构，三者之间如何构建未来适用于文旅行业人才培养的制度和环境？高校和社会各界应当为全新的文旅行业人才培养，分别提供哪些助力和保障？

针对上述问题，大量的国内外学者都已经展开了相应讨论，并且讨论的内容都主要集中在有关人才内涵的研究和人才战略的研究方面。总体而言，制定行业人才培养战略，需要根据相关行业的重要程度来确定战略的等级和重要性。比如文旅行业的人才培养，就可以划归国家级人才培养战略规划当中。其原因在于，文旅行业不仅仅是经济发展的重要支柱，更是我国文化软实力输出的有效途径。因此需要对其进行细致划分，分门别类，尤其是在人才培养主体和人才培养模式等环节，更需要高校和社会各界等不同培养主体出谋划策，甚至构建公众参与模式来打造完善体系。总而言之，现有研究在人才培养理论方面，虽然已经取得了一定成效，对于我国国内文旅人才的培养也贡献了指导和推动作用，但纵观文旅产业的发展和目前已经得到的相关理论，或者是主张大多适用于某一地区或某一学校，很难真正打破高校自身的教育教学限制，无法和社会层面积极性有效联动。很多有价值的理论和研究成果，真正能被广泛接受或推广的极其稀少。而其中大量优秀高校的育人措施也缺乏社会层面的实践机会，很难对其进行有效验证。以人才培养模式的相关研究为例，当前我国仍然没有产生既具有鲜明特征，又具有高辨识度的模式，还没能实现像德国的双轨制一样，能够立足于产业融合发展并取得成效的学术性理论。目前对于相关理论研究的需求已经产生，但是很多理论内容还无法形成系统全面的知识结构，难以全面应用于高校文旅产业人才培养工作当中。或者由于文旅行业自身的特殊性，其对人才需求的特征和体系构建、机制生成都需要完整的总体战略思维来进行引导。因此，所遇到的各种问题和衍生出的若干理论，就需要社会各界能够予以全面的重视和积极的探讨。

一、文化和旅游产业融合，需要培养什么人才

对于文旅产业融合发展，很多地方政府和企业仍然处于摸着石头过河的阶段。因此，要强化旅游管理类专业人才培养现状的调查和识别研究，只有了解当前我国文旅行业的人才数据，才能了解其中存在的问题。比如目前行业的人才存量、不同类型的人才比例，以及各方面人才的实际缺口等。只有发现问题，才能更好地解决问题。例如当前我国文旅产业的高端人才保有量极低，想要解决这个问题，就需要转变当前的教育体系，甚至开设研究生学段和专业。又如，旅游管理类专业人才培养模式单一，不同培养主体之间缺少足够的协作能力。而且文旅行业人才培养还涉及未来行业如何发展的特征研究。只有明确行业的发展方向，才能更好地规划人才培养导向和需求。

二、文化和旅游产业融合，行业人才谁来培养

目前我国对文旅行业人才培养的主要渠道是各大高校的旅游管理类专业。高校作为行业人才培养主体，优势在于浓厚的学术氛围和扎实的理论基础。但面对文旅产业未来如何发展，人才由谁来培养这些问题，仍然离不开其他主体

的共同协作，比如政府和公共机构。有很多景区和文化单位本身就属于国有单位，这种单位和民营企业之间的差异性较大，对于市场敏感度不足，对于人才的需求缺口也更加迫切。但是公共机构的用人单位同样也需要参与到文旅行业人才的培养工作中来。另外，行业从业人员和各大高校，还需要研究我国文化和旅游相关专业如何与文旅企业以及行业组织进行接轨的问题，探索各教育主体在相关工作中所扮演的角色关系。只有不断挖掘校企合作模式和政产学合作模式，才能够构建出一套适用于我国未来文旅产业发展的人才培养体系。

三、文化和旅游产业融合，应该如何培养人才

如何培养人才，可以说是文旅产业发展，以及人才需求最核心的环节。综合目前该行业的人才战略规划不难发现，研究相关理论框架的内容还不完善，相应研究成果较少。主要原因在于文旅产业融合本身是一个跨领域许可的诞生，这种跨领域的研究工作，需要研究人员本身在两个领域当中具备夯实的理论技术。另外，还未成型的理论框架和体系，有大量内容需要反复实践，得出数据进行填充，比如针对文旅行业人才分类培养的相关知识。首先，很多高校的旅游管理类专业建设，是从文化或者旅游等一系列相关专业转型而来的。这种转型就必然会导致不同学校的相关专业教学特色有所区别，有的学校更加侧重文化梳理，有的学校更加侧重传统旅游管理。这种教育教学工作的侧重，也必然会导致人才培养的方式和理念有细微差异。如何定义这种细微差异下所培养出的同专业人才，就是解决文旅行业如何进行人才培养的重要基础。其次，教育理念的完善和升级以及跨学科知识要素的整合，都直接关系着人才培养的方式和方法。很多学校的教学模式对于现代化科技和手段的应用不够充分，这往往与各个高校本身的育人理念相关，但是应用在旅游管理类专业人才培养中又会形成截然不同的效果。因此，高校想要理解文旅产业融合背景下人才应该如何培养，就需要重点针对不同类型的人才提出符合行业战略发展路径的培养方案。要注重课程体系的智慧化和教学理念的系统化，而培养方式也应当做到多元化、差异化和可持续化。

四、文化和旅游产业融合，国际化的人才培养

对于文化和旅游产业融合，培养国际化人才的问题，相关部门和高校可以

深度比较英国、美国、日本、韩国、瑞士等文旅产业相对发达的国家。参考这些国家文旅产业融合的方式和思路，并借鉴其人才培养模式和人才培养战略。但需要注意的是，上述国家的文旅产业虽然相比于我国更加发达，但是这些国家有各自的发展方式和人才培养战略特点，千差万别。因此，要分析不同培养模式之间的优劣，充分考虑这种人才培养模式在我国是否适用。另外，还要注重规划国际型人才培养，应当和我国文旅行业的发展特点相匹配。要结合我国当前管理行业发展的特性，符合高校教育的体制和环境。

五、文化和旅游产业融合，人才培养制度环境

人才是推动文化和旅游产业融合发展的首要因素。要站在历史的角度，客观地审视文化产业和旅游产业之间的关系。在推进文旅产业融合发展的过程中，人才是必须考虑的首要因素。文化人才和旅游人才在传统模式下的培养思路已经非常成熟，但是两者融合发展对于人才培养提出的全新问题和挑战，最终将会归结于人才培养的制度和环境这一维度。受以前管理体制的影响和制约，文化和旅游产业的人力资源开发过于注重理论教学，偏向单向思维，同时也会受到行业范围的限制。这种行业限制导致了很长一段时间内，文旅产业难以产生双向介入的人才效应，无法通过两个产业相互借势来满足用人需求。甚至可以说，文旅产业的发展已经相对滞后于其他行业的发展势头。尤其是缺少足够具备创新意识的优质人才，已成为阻碍文旅产业融合和推进发展最重要的问题。深究我国文旅产业的人才培养制度和环境，就不能不提到当今我国文明和相关产业之间的关系正逐步加深。文旅消费的广度和深度，随着国民经济水平的提高而持续增长。但是文化和旅游人才的培养，尤其是高校教育已然和社会实际需求产生了严重脱节。但也正是这种需求与发展之间的不平衡，将从深层次推动文旅产业的科学建设。

总结我国文娱产业的发展历程，对行业的未来发展趋势进行预测。人才培养的制度和环境问题，可以从以下几个维度进行思考。首先，文旅产业融合发展，无论是文化类人才还是旅游类人才。两者的培养重点在于培养更多具备实践能力的人才，具备现代化服务意识的人才，具备更高职业道德水平和综合素质的人才。之所以首先提出相关问题，就是由于一段时间以来，我国文化人才的培养都存在过度重视理论而轻视实践能力的现象，而旅游类人才的培养又过于注重技能而轻视个人素质。想要将两者有机结合，就应当做到重视专业技能

教育，同时重点培养相关人才的综合能力，避免出现由于素质教育缺位而导致的行业发展限制。其次，文旅产业人才培养环境应当和国家的大战略大政策进行紧密结合。比如将文旅产业和"一带一路"建设进行结合，培养更多优异的国际性人才。将文旅产业和乡村振兴战略相结合，重点培养学生的乡村振兴意识。可以说，人才培养所需要的制度和环境，是逐步摸索和营造出来的。各大高校本身所具备的教育教学能力，只需要经过相应的策划和规划就能激发出各类人才的创新力。目前我国文旅产业人才队伍存在严重的结构失调问题，通常是以技能型、实践型人才为主，极度缺乏产业规划人才、产品开发人才和市场营销人才。也正是这种瘸腿发展的模式，限制了文旅产业的深化改革。另外，想要更好地推动文旅两个产业的融合发展，就要明确人才缺口这个最大问题。当前我国最稀缺的是既懂旅游专业知识，又懂文化专业知识的复合型人才。就类似于传统旅游行业当中，既懂旅游管理，又懂企业管理的复合型干部。这样的人才需要具备政策研究能力、公共服务意识，能够敏锐地察觉融合发展的趋势，并且合理利用文化与旅游资源的调配。最后，随着文化和旅游产业不断深度融合，其本身的业态和服务形式也在发生改变，头部经济和拳头产品已经不再是单一的服务内容和线下实体。高校需要更加注重对文旅产品、文旅服务、创意、策划的研究和教学。面对复杂的市场环境和各种形态的资本涌入，学生需要具备基础的分辨能力，学会利用各种技术要素来完成不同形态的文旅项目。小到文创产品的研发，大到田园综合体的建设，从艺术振兴乡村到特色文旅小镇，各式各样的项目和体量，都需要借助人才培养机制和环境的改变才能得以实现。而文化和旅游行业人才的培养，也亟待完成转型升级。

　　时代在发展，产业在进步，文旅行业融合对于应用型本科院校培养相关专业人才也提出了全新的要求和挑战。面对理论和实践层面存在的各种问题，大量学者和从业人员也给出了各自的答案。虽然这些答案都需要时间去评定，相关理念和理论已为高校育人工作的开展提供了全新的思维和广阔的空间。旅游管理类专业作为一门应用性学科，需要紧跟文旅产业发展的步伐，要立足旅游管理类专业理论与实践的核心，围绕新时代文旅产业的发展构建人才培养的重要议题。以理论研究，推进创新指导，为文旅行业人才培养和队伍建设提供助力，确保我国文旅产业的高质量发展。

第七章

我国旅游高等教育课程体系改革

第一节　文旅融合背景下旅游高等教育课程体系存在的问题

随着文化和旅游产业融合步伐的不断加速，相关专业人才培养的问题也成了行业发展必须深研的课题。高校作为行业人才培养的摇篮，在文化和旅游产业融合发展的历程中承担着极为重要的作用和职能。文旅融合已经成为一种全新的产业发展模式，而人才的匮乏又成为限制文旅产业融合发展的致命因素。基于此深入探讨在文化和旅游产业融合背景下，高校人才培养存在的各种问题，也成了解决人才体系，推动产业发展避不开的话题。

一、过度重视理论教学而忽视实践教育[①]

我国一部分高校专业的教育教学工作都存在过度重视理论教学，轻视甚至忽视实践教育的问题。尤其是有些应用型本科院校本身的实践教育工作落实不到位，学生只能通过课堂上被动地接受理论知识来完成学业。这种学习模式虽然能够在一定程度上拓展学生的理论知识基础。但是往往在实践工作中，学生的表现较差。文化和旅游产业融合之后，文旅相关专业的高校教学本身就综合了理论与实践两方面的教育内容。如果学生无法在校内通过理论学习来指导实践，那么自身的综合素质就无法得到有效提高。

---

① 班华. 校园文化建设与学生的和谐发展 [J]. 中国德育, 2006, 1 (5): 4.

随着我国文旅产业的不断融合，反观两种单一产业，其实操属性结合愈加深厚，这对未来人才就业实践能力提出了更高的要求和挑战。当前我国高校在文旅人才培养的课程体系中，同样存在重理论而轻实践的现象。再加上目前我国仍然没有对文化和旅游产业融合之后的发展思路、发展理念给出统一的说法，这也使得在课程设置中，对于文旅融合发展的理论教学，也无法给出清晰且完整的定义。换言之，正是由于近年来我国文旅产业的发展过于迅速，以至于很多理念和定义还没有被最终确认，行业的发展就已经进入了全新的阶段。这种快速发展对于产业融合而言，固然说明了其自身所具备的活力和潜力。但同时对于高校专业理论和实践教学而言，也形成了全新的难题。高校无法像企业一样，真正扎根于产业体系当中，也就难以在教育教学工作中紧跟产业发展。因此，很多课堂理论教学相比于文理产业的真实发展进程，存在较为严重的滞后性。而理论教学的滞后性又会影响高校课外实践教学活动的开展。总的来讲，在理论和实践教学这一逻辑层面上。高校所面临的问题包含三个维度：第一个维度就是高校所使用的课程体系在理论教学方面存在严重的滞后性；第二个维度就是缺少和社会层面相关企业的有效联动，没有充分调动高校专业体系的有效资源；第三个维度则是高校的理论和实践教学没有科学地进行资源分配，最终才导致相关专业人才的培养难以满足我国当前文化和旅游产业融合发展的实际需要。甚至，有些学校的教育教学开展逻辑仍然秉持着传统产业的思维，很多学生在毕业之后，发现自己在校内所学和自己实际面对的就业情况存在较大出入。这种情况不仅会影响高校专业课程的开展，更会影响文旅产业未来发展的人才需要。

二、教育教学手段过于传统

文旅产业融合的本质，是文化产业和旅游产业结合而形成的一种全新业态，也可以理解为一种新兴行业。新兴行业的另一特征就是起步时间较晚，发展时间较短。但恰巧，文旅产业融合的发展势头遇到了数字经济时代的到来。也正巧是新媒体行业从兴起到兴盛的关键阶段，不同产业，尤其是高新技术之间的相互影响推动了文旅产业快速发展。借助数字经济文化和旅游产业的发展模式，文旅产业发生了改变，借助新媒体行业，文旅产业的底层逻辑也发生了改变。三者相加之下，文化和旅游产业融合，对于专业人才的能力需求也发生了巨大转变。其中最有代表性的特征就是大量从事文化和旅游的企业，将自身的宣传端口，从以往的线下广告宣传转移到了线上自媒体平台。通过相关账号内容的打造，不断向用户输出自身产品和服务。通过高新技术和新媒体渠道来提高自身产业附加值，增强自身在经济活动中的竞争能力。大量的文旅企业招收了一批具备数字经济意识和创新能力的新媒体人才。用结果来进行反推，目前文旅产业招聘专业化人才体系已经发生了巨大改变，但是高校在培养人才的课程体系方面，却仍然没有做到紧跟时代，仍然缺少行之有效的现代化教学手段。文旅企业的员工在日常工作中所使用的各种办公软件、自媒体软件，还没有在高校内部得到充分普及。学生虽然能够通过互联网渠道了解一部分行业的发展，却缺少行业内部的第一手信息。之所以会产生这种高校教学和行业发展之间的代沟，其主要原因就在于高校专业人才培养的效率和方式过于陈旧。很多学校并没有意识到，应当如何通过现代化教学手段来激发学生的自主学习能力和主观能动性。

尤其是文旅产业融合发展已经不再单纯是两个行业的累加。如何将文化产业和旅游产业进行深度挖潜和有效结合，才是文旅产业融合需要思考的首要问题①。如何将文化借助旅游产业进行推广形成产品并完成销售，如何将旅游行业通过文化包装来提高其价值属性？如果只是单纯地培养文化体系人才或者旅游产业人才，可能沿用传统的教育教学模式就已经足够。而之所以当前我国高校很难在短时间内为文旅产业融合提供大量可用人才，最核心的原因就在于，课程体系当中并没有充分利用现代化教学手段，将两种行业的专业内容进行统一整合。

三、校企合作模式还不完善

近年来，本着全国教育一盘大棋的思路，国务院和教育部针对我国教育体系进行了几次重大的深入改革。从普惠性学前教育，到义务教育阶段的"双减"政策，再到实施教育分流，不难看出，随着各个产业的不断发展，对于用工和专业人才的实际需求也发生了巨大变化。传统的综合类大学在进行各个专业人才培养过程中，所出现的各种问题和弊病正在暴露出来。高校教育教学工作和社会层面的联动，这一思路又重新被重视起来了。尤其是很多专业本身

---

① 姜欣. 文旅融合背景下河南省本科院校旅游管理人才培养优化路径探究 [J]. 开封大学学报，2020，34（4）：63-65.

高校教学和社会实践之间就存在着较为疏远的关系。一味地理论教学很难满足企业的用人需求。因此，有大量企业选择参与到高校的教育教学计划当中，通过不同的合作形式，来强化对各专业人才的培养。例如很多专业所开设的订单式人才培养计划，就是由企业提供相应的用人标准，提供考核内容，由高校进行针对性的教育教学。这种合作方式，对于企业而言可以节省大量的员工内部培训时间，提前让学生了解企业文化和相关工作内容。对于高校而言，不仅可以更好地与行业进行接轨，同时也能够提高自身的就业率。又如，一部分专业所采用的校企结合、共同培育模式，就是由企业和高校共同构建课程体系。一部分基础课程由高校教师完成授课，另一部分专业课程由企业员工进行授课。这种教育教学模式的优点在于，学生可以直接在课堂上了解到当前行业发展的最前沿信息。同时学生也能够和企业的在职员工沟通，了解不同岗位所需要的针对性能力和专业化能力。还有一部分合作模式，则是由企业和高校共同出资组建工作室。这种校办工作室，通常是以企业员工和教师牵头，带领学生模拟企业的日常办公流程。以项目组或者工作组的方式，真正地模拟企业工作内容，让学生有机会，设身处地地体会职场工作的具体内容。可以说，校企合作模式最重要的目的包括两个方面，首先就是校企合作，能够让高校和社会层面进行紧密联动。课堂教学和社会实践能够相互印证，让学生更好地通过实践活动来消化和理解课堂上的理论教学内容。其次就是校企合作可以帮助学生更好地了解行业发展，并且顺利地完成从学生到职场人员的角色转变。可以说，这种角色的转变和能力的掌握，才是高校能否培养出合格人才的最主要标准。无论学生在校内掌握的理论知识有多扎实，如果无法在工作岗位上发挥自身能力，那么都无法称其为优秀的专业化人才。可惜的是，目前我国很多高校在自身的人才培养计划中，对于校企结合项目的重视程度都不够，也缺乏对相关行业发展的正确认识。一方面表现在高校会对很多的校企结合项目设置大量的门槛和要求，很多有诉求的企业，难以进入校园当中。另一方面则表现在一部分高校教师对于校企结合这种教学模式本身就存在一种抗拒心理。这些教师通常认为，企业员工虽然具备一定的专业的能力，但是真正的教学水平严重不足。当然还有一部分原因则是高校和企业之间本身就存在一定的利益冲突，最终导致大部分的校企结合项目都虎头蛇尾。

四、缺少动态化的教育调整机制

随着我国现代化建设进程的不断深入,经济社会发展也步入了新常态。文化和旅游产业的发展成果不断得以巩固,文旅融合的概念也进入了全新的阶段。尤其是在我国内部自身条件不断优化,外部国际形势持续动荡的大环境下,文旅产业的融合,对于人才的需求迫切程度不断提高。这种人才需求的变化,一方面是由于我国当前文旅产业体量的不断扩大,另一方面则是由于我国消费者对于文旅产品的观点和认识发生了改变。市场环境和消费需求的升级,才使得高校在专业人才培养过程中暴露出来其课程设置方面的一系列不足。目前我国高校课程教育教学的流程和体系是先确定课程内容,在课程设置完成之后会按照相关体系来进行教材采购,再由教师根据教材内容进行授课。这种教学模式虽然可以更好地在课上复原教材内容,让学生根据教材形成较为稳固的知识结构,但是由于缺少灵活变通的应对方式,这种教学模式也缺少与时俱进的灵活性。其中最为显著的特征在于教材一旦定稿采购,在短期之内就不会发生改变。也就是说,一本教材从编撰到定稿,再到使用本身就存在一个周期。在这一周期内,可能行业或产业已经发生了一系列的巨大变革,所使用的技术和业务流程都有可能发生改变,而这种改变就会使教材和行业当前的现状出现巨大代沟。甚至有些专业课程所选择的教材是 5 年甚至 10 年之前出版的,其中所描述的有关行业的信息过于老旧,有些软件操作或者应用功能都已经被取代。如果学生按照教材的内容进行学习,那么非但无法真正地接触专业内容和行业内容,甚至还会浪费大量的时间投入已经过时的技术和专业当中。一旦学校采用了这种教材确定了这种课程教学模式,那么必然会导致高校的人才培养模式远远滞后于行业发展。而这种过于固定的教学理念往往是导致学生思维模式不够变通,难以正确理解行业发展的核心因素。高校内部缺少和社会层面的足够接触,所使用的人才培养体系又缺少必要的动态化调整机制,最终就会导致高校的课程体系无法进行优化,在教育教学环节会显得十分被动。而这种教学模式,必然会影响学生未来的就业情况。在过于刻板和固定的教育教学模式当中培养出的学生,也很难在短时间内适应自身的工作岗位。最后企业还需要花费大量时间对学生进行专业提升,以至于失去了对高校专业教育的信任,认为学生在校内只是在浪费时间,而并没有真正学到有用的知识。

第二节　高校教育和文旅产业融合发展的课程构建对策建议

一、重视理论与实践结合的课程构建理念

在文旅融合的背景下，应用型本科院校在人才培养方面，首先应重视课程架构的理念安排。最值得探索的一条路径就是重视实践教学，将实践教学和理论教学等同视之。在构建文旅融合高校人才培养的课程架构过程中，高校应当对文旅产业的融合现状，以及未来发展趋势进行充分市场调研。只有充分了解当前的文旅产业融合现状，才能明确产业对于优质人才的各方面需求，包括文旅产业对当前实用型人才在高新技术方面掌握的能力需求，产业在未来发展过程中对于人才的创新创意能力需求，文旅产业在未来和国际接轨的过程中存在的一系列适应能力需求。只有明确了这些需求才能对教育教学内容进行理念上的重塑，提高人才培养质量。

当然，注重实践教学并不意味着要忽视或者轻视理论教学。反之，越是要加强理论和实践之间的关联，就越需要高校坚持以先进的理论教学为指导。只有通过校内的课堂教学，为广大旅游管理类专业的学生讲授行业最前沿的理论知识，才能让学生和文旅产业产生持续性的情感共鸣。也只有不断夯实学生的理论基础，才能让学生吸收到理论知识的精华，并在后续的日常工作中得以实践。另外，高校在加强实践教学内容时应当将其划分为不同层面。基础的实践教学应当是在校园内部开展，由教师带领学生以不同的情境教学为主，模拟日常工作的实际情况。当学生能够在较为基础的情境下，将日常学习的理论知识充分应用之后，就可以组织学生以实践学习的形式，到文旅产业融合的相关企业和单位进行参观或轮岗实习。通过这种方式，不仅可以让学生更好地了解文旅城融合的实际意义，同时也能明确自身和企业岗位需求之间存在的差异[①]。同时，通过这种实践学习的方式，高校以及相关专业教师也可以更加直观地了解到校内教育教学工作所存在的不足，并对其进行改正和完善。在强化实践教学的过程中，高校和企业之间应当形成联动，企业和学生之间可以加深了解，

---

① 李华. 文旅融合背景下高校人才培养课程群构建研究 [J]. 黑龙江科学，2020，11（17）：2.

高校和学生之间又可以不断磨合。三者之间通过相互促进，才能真正将理论教育和实践学习进行有机结合，摸索出一套真正适用于文旅产业融合发展的高校育人策略。而高校人才培养的时效性和最终成果，又能有效推动文旅产业融合的发展，为我国文旅产业的未来积累更多的专业化人才。

二、充分利用现代化教育教学手段

当前我国文旅产业的高校专业育人方式较为陈旧，缺少行之有效的现代化教育教学手段。归根结底是由于高校对当前文旅产业的发展并没有形成清晰的认识和了解，以至于不清楚当前文旅企业对员工的能力要求。因此，在高校人才培养体系中，尤其是针对文旅产业融合这种新兴行业，更需要充分利用现代化的信息技术，既要转变传统的教育教学模式，又要借此提高人才培养的效果。在文旅融合背景下，高校想要构建合理的人才培养课程体系，并在日常教育教学工作中得以实施，就需要逐步推广和应用更多的现代化教育手段，将传统的课堂教学覆盖到学生的日常生活中，实现线上和线下的有机联动。例如，微课是当前很多高校和专业在教学活动中所使用的一种现代化教学模式。通过5分钟左右时长的视频来讲述某一个知识点，让学生充分利用日常生活中的碎片化时间来学习不同的专业课程。可以说，随着大量新媒体娱乐平台的普及，学生日常生活和学习的碎片化时间越来越多。这种情况会直接导致很多学生已经没有整块的课后时间来进行复习，也失去了长时间学习单一内容的专注力。而微课则恰巧利用了当代大学生全新的生活习惯，既不会让理论知识学习变得过于复杂，又能够以润物细无声的方式和学生的日常社会学习进行有机结合。又如，线上授课模式，同样是近几年极受追捧的现代化教学手段。尤其是在新冠疫情肆虐期间，很多高校都会选择居家学习，线上授课。虽然这种学习模式从最终的学习效果上来讲，确实要比线下授课差一些，但是随着时间的推移，以及各种软件功能的完善，这种教学模式也必然会成为高校培养人才的一种有力武器。总的来讲，现代化教育教学手段，相比于传统课堂教学而言，能够直接从时间和空间两个维度改变学生的学习习惯，将教学工作转移到线上，就能够让学生随时随地进行各种学科知识的学习。而不同教学软件和课程内容的设置，又能够打破学生只能在课上进行学习的限制。再结合各种社交软件的群组功能应用，就使得学生可以更加灵活地和教师进行深入沟通。采用现代化的教学方式，既方便了学生了解当前文娱产业融合的各方面动态，又能及时地掌握更加先进的理论知识。可以说，现代化教学提高了学生的主观能动性，让学生的自主学习意识得到充分展现。另外，通过现代化的教学模式还可以让学生自学，提升自身的专业能力和综合素质。因此，在文旅产业融合背景下，充分利用现代化教学模式，教师可以对学生进行更好的引导以及鼓励。通过多媒体等现代化教学理念，让学生真正成为课堂主人翁，更好地养成终身学习的良好习惯。

三、加强校企合作深度广度

针对高校大学生，单纯依赖高校自身进行培养的理念和时代已经成为过去。只有充分发挥高校的育人作用，调动更加广泛的社会资源，才符合当前人才培养的时代性逻辑。越来越多的实际案例表明，高校的理论和实践教学只有充分引入优质企业才能真正实现优秀人才的联合培养。而这种校企结合的方式，也成了高校教育教学工作推动的大势所趋。尤其是在文化和旅游产业融合的背景下，高校人才培养课程体系的构建更需要明确学校和企业两方各自的资源优势。只有充分发挥自身优势，做到扬长避短才能实现优质人才的培养。举例说明，企业参与空间越大，就越能为学生提供翔实可靠的实践教学体系和内容。学生在进入企业，或者在企业相关人员的授课过程中，既可以直观了解文旅企业的运作模式和业务体系，又可以借此了解自身存在的知识盲点和能力缺失。可以说，实践学习的目的，就是更好地查缺补漏，更好地找到将理论知识进行实际应用的方法。因此，在实际操作中，高校可以对旅游管理类专业课程体系进行细致拆分，明确学校和企业在教学过程中应尽的义务和责任。比如高校可以肩负起专业化的理论教学，充分发挥教师的课堂教学能力，让学生在校园和课上掌握更多的现代化旅游管理类专业知识。而企业也可以利用一部分课时为学生构建实践课程体系，分享在企业当中工作的各种经验和感悟。目的在于让学生更好地了解相关产业，了解企业的运作模式，明确自身想要从事的职业和岗位。同时企业也可以为学生提供多样化的实践机会，让学生能够在不断的实践中来检验所学的理论知识。比如，企业可以为学生提供定期的轮岗实践学习，让学生在不同的部门和岗位上转化理论知识。或者企业可以在寒暑假为学生提供半个月到一个月的顶岗实习机会，让学生在相对较长的时间阶段内，深度磨合自身专业技能。再或者企业可以组织优秀学生进行岗位体验，让学生真正有机会体验真实的工作氛围和工作环境。综上所述，高校和企业的深度合作以及不同的校企合作方式，对于旅游管理类专业人才培养的课堂体系构建而言，是一种极大的丰富。同时，在不断的实践过程中，高校也可以不断树立全新的理论教学内容。一方面做到针对学生的实际情况来因材施教，另一方面也可以针对原有课程体系和教学内容的不足差距进行优化。这样才能充分利用起高校丰富的教育教学资源，提高对各种教学资源和社会资源的有效利用率。总的来讲，想要更好地实现校企结合，发挥企业在课堂教学体系和教学内容中的指导性作用，就需要高校更加科学合理地安排课程体系。既要避免出现理论教学对实践教学的挤压，又要做到利用实践教学来引导理论课程的方向，最终合理利用高校和企业的双向资源打造既有理论支撑，又有实践体验的完善教学体系。

四、构建动态化的教育教学调整机制

目前，我国的文旅产业融合发展势头非常迅猛，不但规模在不断扩大，经济效益也持续走高。行业体系的发展必然会推动对专业化人才的需求，而这种需求的转变也充分说明了文旅产业至今为止仍然处于体系建立的阶段，还远远没有完全成熟。所以高校在构建旅游管理类专业人才体系的课程过程中，更要充分利用灵活多变的机制，对其进行调整。既要考虑课程体系的可持续发展，又要兼顾教学过程中的理论基础长期有效。为此要构建动态化的教育教学调整机制，应当按部就班地打造课程流程。设置之初，学校应当充分调动起社会资源，通过各种方式来进行市场调研。市场调研的目的一是研究文旅产业融合对相关人才的具体需求，二是了解不同地区或不同类型企业对于文旅产业未来发展走向的把握。在了解了上述内容之后，就可以通过所得数据来科学地预测企业对于人才需求的发展趋势。简单来讲，任何一家企业对于人才能力的需求都不是一成不变的。这种能力的变化，将会呈现出阶段性或周期性的波动。比如当前文旅项目更加注重和自媒体平台的结合，大量文旅企业会选择招聘一部分掌握自媒体运营技巧的员工，甚至成立单独的自媒体运营部门。如果有些高校盲目追随这种产业发展趋势，而在学生的自媒体运营能力方面投入更多的教育资源，那么就有可能面临两种结果，第一是学生掌握了相关的能力，而在毕业阶段取得较为明显的就业优势。反之则是相关企业在一段时间的磨合过程之后，相关岗位或者部门已经逐渐满员，从而对相关类型的人才需求量降低。可想而知，如果高校在课程构建环节缺少足够的敏感性，或者并没有对产业未来一个阶段的发展进行有效预测，没有对课程群进行动态化的调整，那么就极有可能出现人才培养方向的误差，花费大量精力培养出的人才无法满足产业发展的需要或企业发展的需要。因此，高校在持续性的教育教学课程体系中应当重视产业的动态变化趋势，并随之不断完善自身课程内容。确保人才培养和行业发展能够保持同频，有效提高人才培养质量，真正做到为我国文旅产业的融合和未来的可持续发展添砖加瓦。为了实现这一目标，高校应当内外两步走。对内要加强教务工作对行业的深挖，并组织专业教师通过不同渠道，丰富自身行业经验。对外，要充分结合社会资源和企业资源，做好教学和社会层面的连接纽带，可持续地为文旅产业发展培养具有创新意识和创新能力，且具备扎实基本功和丰富实践经验的优秀人才。

第三节 文旅高等教育课程内容改革的策略

基于当前时代的发展特性，我国文旅产业的融合发展已然形成了全新的时代诉求。旅游相关专业学科要积极推动高等教育的深化发展路线，就需要重视课程体系的现代化改革。尤其是在课程内容的优化、现代化技术的应用教学、构建全新的校企结合实践平台等方面共同着手，才能做到全方位地提高人才培养效率和质量。

一、优化课程内容，扩大产业影响力

在课程内容的优化方面，基于当前文旅产业的融合发展思路，高校应当不断完善教育教学课程设置方案，不断挖掘我国文化和旅游两个产业的发展经验，横向覆盖更多的领域和学科，纵向要总结历史勇于探索未来。首先，根据教育部出台的《旅游管理类教学质量国家标准》，高校应当积极探索并构建4+3+X的课程方案和思路，让大学生能够对旅游产业的运行规律形成正确认识，再结合旅游学概论、旅游消费者理论、旅游目的地和旅游接待业务等核心课程，深度剖析我国文旅产业未来的发展方向，真正做到将地区旅游特色和文化属性进行结合，将现代化科学技术手段融入文旅产业的发展，并且将学科交叉作为创新创意探索的核心内容。而在规范课程体系的基础上，教师还应该借助行业发展的数据资料，通过互联网等渠道，积极更新教材内容，对课堂教学进行优化。其次，课堂理论教学不能脱离实际。教师在理论教学过程中应当聚

焦我国文旅产业的发展历程，总结大量值得参考的实际案例。甚至要学习欧美发达国家的先进文旅产业融合经验，对课程内容不断进行深耕。其目的在于充分应用我国丰富的文旅元素，打造全新的专业教学内容框架。重视实际案例的开发和改进，让学生能够利用校内浓厚的学术氛围，打开思路畅所欲言。最后，文旅产业融合的实践探索之路，也需要教师能够带领学生，一边总结我国文旅理论的研究，一边学习世界范围内其他国家的可借鉴经验，最终形成具有中国本土特色的文旅课程教学体系。

而在扩大学科影响的角度，各大高校应当立足于文化和旅游两个产业的基本盘，融入更多可借鉴的特色项目，比如中国传统文化元素和工艺美术以及非物质文化遗产项目，应当如何和旅游产业进行深度结合。以这种课题的研讨为核心，教师可以组织学生以小组的形式对不同地区的特色文化元素进行深度梳理，再结合以往的成功案例，打造不同的文旅项目计划书。由教师作为评审人，从创意思路和实践可行性等不同的维度进行评价，再由文旅行业的从业人员提出修改意见。这种教学思路不仅可以有效拓展学生对于行业的认知和理解，也可以帮助学生增强自身的从业自信心，丰富其实践经验。

二、结合现代技术，重视复合型人才培养

现代化技术对于文旅产业融合发展的加持和影响力巨大，各种现代化高科技手段不仅可以提高文旅项目的消费体验感，同时也能使文旅产业的经济附加值得到拉升。而对于高校教育工作的开展，高新技术手段同样可以应用于全新的课程内容开发，以及教学模式的灵活调整等环节。这种模式对于培养具备创新意识的复合型文旅人才十分重要，尤其是在结合人工智能技术、大数据技术、云计算技术、区块链技术等现代科学的过程中，更是诞生出了大批量的全新文旅项目和课题。例如，智慧旅游课程，就是基于现代化信息技术和文旅产业相结合的理论，为传统的文旅产业赋予了智慧化和智能化的理念。又如，旅游中的数据挖掘技术就是深入结合文旅项目，在大数据技术中的有效应用。这种应用方式，对于文旅企业分析客户消费需求、规划全新的文旅项目有着十分重要的指导和借鉴意义。另外，在推动文旅高等教育和时代发展接轨的过程中，应用高新技术还可以打造一批符合企业用人需求的黄金课程[①]。比如充分

---

① 田里，刘亮. 新文科背景下旅游高等教育课程体系构建 [J]. 旅游学刊，2022，37 (8)：3.

发挥线上线下教学结合的模式，让学生在虚拟仿真的教学环境当中展开实践。模拟不同工作环境或景区景点，丰富课程教学体系。同时，高新技术的应用也有利于加快推进教学模式的技术化升级和调整。在教学内容方面，Python 与旅游结合就是教育典型的代表，各种应用软件和文旅项目的融合拓展了产业发展的全新思路，也营造了一大批新型就业岗位。这种就业岗位对于新一代文旅人才而言，既充满了吸引力，又符合其价值观。另外在课上案例讨论环节，教师可以借助多媒体技术和新媒体技术，在课后实践环节，教师可以组织学生通过自媒体平台来打造独属于个人的账号。一方面，这种战后打造有利于塑造学生个人 IP，可以帮助学生利用在校期间来进行个人推广。很多管理专业的学生，利用自身的专业知识通过文化输出的形式吸引大量粉丝，直接拔高了个人价值和后续的就业广度。另一方面，以小组为单位的教学模式还可以全方位立体化地完善课程教学内容，让学生借助这种实践的机会，更好地消化学到的知识。总的来讲，高新技术的应用对于打造具备创新意识的复合型人才有着积极意义。教师应当站在学生的角度，形成全新的教学视角。只有不断提高学生的学习内驱力，才能真正发挥出其个人的主观能动性。

三、搭建合作平台，深耕社会需求

文旅产业的发展想要获得更大空间，就离不开社会各层面的资源融合。比如文化企业和旅游企业之间的合作，各大景区和文创企业之间的合作。文旅项目的打造离不开跨专业跨领域的资源融合，而高校想要完善自身课程体系，也需要借助自身的教育优势来构建不同的合作平台。合作平台的搭建，主要可以从跨领域学科交叉和产教融合两大思路着手。跨领域学科交叉的目的是更好地提升学生的文化视野和眼界，而产教融合则是为了满足社会层面对于实践型文旅人才的需求。在学科交叉平台方面，高校可以从以下几个方面进行深入探索。首先，旅游管理类专业应当和文化领域进行深度结合，比如各种文旅产品的文化属性提炼、外包装设计等。注重视觉效果和消费体验的丰富，才能够使文旅产品的商业附加值得到提高。又如，旅游管理类专业可以和农业项目进行交叉，近年来随着我国城市周边游项目的不断成熟，大量的采摘园、农家乐或者山庄和露营地层出不穷，这种以周末短途旅游为主导的思路逐渐被大量城市居民所接受。而结合农业领域的各种产品和思路也有利于打造更有特色的小镇项目。可以说，文化和旅游作为两个覆盖面极广的产业，可以和很多学科进行交叉。而这种交叉发展的思路，又能够同步推动文化旅游和其他产业的共同升级，完成现代化转型。作为高校，本身就拥有深厚的教育资源。转型成为各学科和领域交叉的功能型平台，一方面可以为学生争取到更多的学习和实践机会，另一方面也可以探索出具有不同价值倾向的全新文旅课题。而在产教融合思路中，高校应当更加深入地和文旅企业进行配合，让学生能够直接参与到企业管理、装备制造、项目设计、产业发展等各个环节中来。这样既可以推进旅游管理类专业和不同学科的深度融合，同时也可以让学生提早完成社会性实践，真正让高校教育教学服务于社会经济的发展。需要注意的是，学科交叉和产业结合，其本身的目的是更好地解决旅游管理类专业理论知识和实践发展之间存在的代沟和滞后性。因此，教育教学过程中应当更加聚焦于文旅产业在当前运作中存在的各种问题，以及产业未来可能的发展方向。也就是说，高校教育教学结合理论实践，拓展产教融合，丰富学科交叉，立足点仍然是为了在教育工作中通过各种方式来深化理论知识的转化，培养学生的产业感知力，而不是为了让学生完成相应的活动而生搬硬套，也不是为了利用学生的廉价劳动力而获取利益。因此，高校领导和相关专业教师需要把控其中学生的参与程度，仍然要做到以学业为重。

四、重视教材编写，淬炼行业知识

高校的教学质量在一定程度上确定了产业未来发展的上限，文旅产业由于其自身的特殊性和局限性，一直以来在教育教学和实体产业之间都存在巨大的代沟问题。高校教学存在滞后性，就必然会影响最终的教学质量，从而限制产业发展。而导致教学存在滞后性的核心原因又在于教材编撰的时间和周期过长，很难满足行业的快速发展需求。因此，已经有部分高校正在着手开展精品教材的编写工作，目的就是要在知识梳理和生产方面进行优化。而其中最为关键的要素在于教材内容需要紧跟行业发展，紧跟时代需求，紧跟社会进步。要完善知识核心的梳理，优化行业核心内容的淬炼与沉淀。

截至目前，文旅产业所应用的教材仍然缺乏较为核心的内容产出。尤其是对当前消费者的消费心理、消费习惯分析不够透彻。如果只是立足于传统文化和旅游产业的形态，那么必然会导致学生在新模式下，对文旅产业的消费逻辑认知出现偏差。或者过于注重旅游理论知识当中的传统三要素，即消费者、目的地和旅游接待，也无法充分体现文化和旅游两个大产业模块的融合目的。因此，在构建全新的精品教材过程中，高校同样需要重视校企结合的平台打造思路。要重视一线企业在日常实操过程中遇到的各种新型问题和解决办法，深入研究当前时代的消费者心理和行为分析。以案例的模式，对文旅产业的空间属性、时间属性、经济属性进行区块化的研究。以东北的冰雪文化为例，要有针对性地结合文旅项目，如各大滑雪场和雪乡，细致剖析其时间和季节特性，深入了解消费者的群体特征，这样才能保证学生对新时代的文旅产业和文旅项目形成正确认识。

作为高校，研制构建精品教材、完善课程内容已经成为旅游管理类专业教学的首要任务。而构建旅游管理类专业知识体系，就要形成明确的知识模块，让学生养成高效的思维方式。同时，还要深入浅出地普及国家对相关行业出台的一系列政策和标准，真正做到能够反映各地区的文化特色和旅游特色，并且适应文旅产业融合发展的时代要求。为了实现这一目标，高校可以联合大量的旅游学者，听取相关文旅企业的宝贵意见，将大量素材融入高质量的精品教材当中。更为关键的是，旅游管理类专业教材的编写还需要保持一定的周期性，目的就在于能够紧跟行业发展，不断填充有价值的内容。只有这样才能确保每一届学生学习到的知识内容，都有足够的时间价值。而这种紧跟时事的教材和教学资源，才能够支撑全新的旅游管理类专业课程体系开发和升级。

五、开发课程内容，重视知识多元化

旅游管理类专业的课程体系建设，除了要深度开发课程内容之外，还要重视知识的辐射面和多元化。相关专业的知识传递应当以课程内容的深度开发为核心任务，结合多种现代化手段，将文旅产业的相关知识完成有效传递和高效传递。所谓的有效传递是将文旅产业的相关信息，原原本本地从行业内部传递到课堂教学。而高效传递，则需要教师能够利用多样化的教学形式，在有限的时间内将大量相关信息融入教学环节。一方面，旅游管理类专业课程内容开发，要实现有效和高效传递，需要教师融入各种现代技术更新教学方式。例如，通过案例分析，以小组研讨或主题辩论等形式，正确引导学生关注文旅产业发展的相关问题。又如组织学生进行实地调研，让学生通过自身的观察和思辨来提高知识的传递效率。除此之外，教师还需要加大对课程资源的开发，从而使整个教学活动形成一个完整的体系。该体系应当包括大纲、教案、概念、习题，习题又应当细分为问题和答案。并且，教师还应当借助现代化的教学方式，形成教学资源库。以视频和图文的形式，通过不同维度的感官刺激来提高知识传递的准确性。

六、建立合作机制，融合教学实践

产、学、研一体化，是当前我国教育部对各大专业构建的一种思路引导。文体专业，在应用知识和教学环节，同样要遵循一体化机制并将其当作核心任务。重点针对我国文旅产业融合发展探索实践过程中出现的各种问题，提出具有建设性和可操作性的解决方案。真正发挥旅游管理类专业，从教学到研究的一体化解决方案。虽然绝大多数高校并没有能力真正涉猎到文旅产业的实际经营和运作环节，但是仍然可以通过理论结合实践的方式，来发挥服务经济社会发展的重要作用。首先，应用型本科院校作为文旅产业理论研究的主战场，应当聚焦现实社会的一系列问题，通过行业发展数据提炼具有适度超前性的学术性观点。尤其是要形成以教师为核心的研讨小组，提出具有指导性意义的旅游行业发展意见。其次，高校应当积极展开和企业与政府等不同主体之间的文旅产业合作。比如建立智慧数字文旅资料库，针对一系列文体产业服务体系和文旅项目，进行规划、策划、设计、咨询、诊断、培训等形式的实践活动。

第四节　智慧文旅教学体系的有机结合

随着我国各类高新技术的飞速发展，智慧旅游已经成为我国文旅项目目的地管理的全新方式之一。借助现代化信息通信技术，文旅产业的经济利益相关者已经有能力对整个产业体系进行全面的梳理。尤其是海南这样的文旅大省，正在计划投入大量的资金和资源，来深度挖掘文旅产业智慧化管理模式。由此可见，智慧文旅正在不断打破传统文旅产业的规则，进一步改变着旅游产业的文化属性。因此，高校管理专业的课程设置，也应当重视信息通信技术和文旅产业的智慧化教学。总的来讲，我国智慧文旅的转型和升级是大势所趋，但是迄今为止很多高校仍然没有正确地认知智能化对于文旅产业的重要性。即便是信息通信技术在智能手机、汽车、人工智能等多项领域已经产生巨大影响，甚至变革的今天，还有很多地区和高校，没有意识到产业正处于智慧化过渡阶段。很多企业在尝试完成这种过渡，却苦于没有适合的人才。反观现实中的各大高校，虽然在旅游管理类专业教育体系中尝试性地填充了很多具有重大意义的内容，但由于人力、设备、思维模式等多种原因，并没有真正意识到信息通信技术在管理产业发展中的重要性，没有认识到该技术在文旅高等教育课程中的划时代作用。

在实际操作环节，教师需要清晰地让学生认识到，信息通信技术对于管理产业的重要性和目的地智慧化演变之后所带来的巨大改变。很多专家和学者认为，文化和旅游专业的学生，在未来几年内必须掌握信息通信技术，并以此来推动文旅产业的高速发展。还有学者认为，当前我国高校相关专业还并没有完全能够将信息推进技术和现有教学体系进行有机结合。为了改变这一现状，就需要教师向学生正向宣传智慧文旅体系改革的重要性，将智慧文旅的相关知识点和使用技巧融入旅游管理学等传统课程之内。可以说，该专业的课堂教学内容正在变得越来越复杂，越来越趋向现代化。因此，课程内容设计需要不断适应社会需求的变化，不断匹配产业在智慧化发展中的全新理念。对于高校大学生而言，其学到的课程内容不仅应当具有批判性和创造性，同时也需要帮助学生掌握解决问题的能力。因此，教师需要打破旅游管理类专业在现有体系的课程限制，将ICT课程体系和相关软件的使用融入课堂教学内容当中。学生需要掌握观看和分析体系密度图的能力，并能够根据相关数据对文旅项目进行优化和升级。因此，全国高校管理专业，尤其是很多文旅产业较为发达的省份和地区，更需要重视智慧文旅课程体系的打造，甚至可以尝试性地在应用型本科院校的基础上设置有关智慧管理方向的专业硕士点，以此来吸引更多优质人才，重新构建和设计我国文旅产业的智慧化发展模式。

文旅产业融合发展，实际上是文化和旅游两个产业在我国发展到一定程度之后的必然产物。两者融合不仅可以有效促进经济活动的繁荣，同时也对我国现代化建设有着十分重要的助力作用。产业发展、文旅融合对高校的人才培养体系，尤其是其课程架构提出了全新的挑战和更高的要求。在深入分析原有课程架构之后不难发现，传统的课程体系无法满足当下快速发展的文旅产业。无论是在教育理念、教学方式、校企结合还是灵活调整等各个方面都存在一系列问题。在教育理念层面，传统高校专业教学课程过于重视理论知识的教学而忽视了实践教学的重要性。在教学方式层面，很多高校并没有认识到现代化教学方法对于文旅产业人才培养的重要意义。在校企结合层面，大多数高校对于企业不够重视，尤其是对于学校所在地的小型企业更是缺少足够的尊重。而在课程的灵活性上受到传统教材机制和教学体制的影响，也和行业发展形成了明显的滞后性。要解决上述问题，对于课程体系进行优化，首先，就需要高校针对文旅行业的特性，重视理论教育和实践教学的组合，让学生有更多的机会了解行业发展态势，并且真正参与到企业的实际运营工作当中去，做到学以致用。其次，文化和旅游产业作为服务业的一种全新形态，更需要加强现代化教学手段的应用，为学生营造更加贴近现实的学习场景和学习氛围。鼓励学生大胆尝试应用微课和多媒体教学等信息化学习途径，重新整合日常学习和日常生活的时间配比。另外，高校务必加强和社会层面的联动，重视校企合作模式的逐步深化。借助企业的行业敏感度以及自身的专业属性来培养学生的实践能力，为学生提供更多岗位的多样化实践教学平台。最后，还是要实施动态化的调整机制，从各个方面来梳理文旅融合背景下应用型本科院校人才培养课程体系，做到和时代同频，满足行业发展需求。转变自身角色，积极和市场化的企业进行联动。对内要重视自身教育教学氛围的打造，充分发挥高校立德树人作用。对外要以培养优质的行业人才为目标，放下身段和社会层面的资源进行对接。提高自身的人才培养能力，探索出一条符合我国当前文旅产业发展的有效教学道路。尤其是要激发学生的创新创意理念，做到紧跟时代发展的脉络，为我国文旅产业发展，提供可持续的人才保障机制。

第八章

我国应用型本科院校旅游高等教育优化路径

　　文化和旅游部的成立，一方面代表着我国从战略层面开始推动文化和旅游两个产业的深度融合，同时也标志着我国传统文化和旅游产业进入了融合发展的全新时期。随着我国现代化经济的不断快速发展，国内的文化和旅游环境也得到了极大改善。部分地区的旅游行业体系逐步完善，还有部分地区的旅游业逐渐成为重要的经济支柱。根据文化和旅游部发布的相关数据，我国旅游市场每年持续增长。虽然近几年受到了新冠疫情的影响，但随着政策放开，文旅市场的发展迎来一个全新的高峰。可惜的是，虽然文旅产业的发展十分迅速，收入增长非常可观，但优秀的人才培养模式仍然不够完善，各大高校培养出的行业人才质量不尽如人意。特别是在全新业态下的文旅产业已经逐步进入文旅融合、诗与远方的阶段。在这一阶段，国家迫切需要具备更高眼光、更强综合素质的文旅人才，能够肩负起行业拓展和项目管理等多项重要任务。这一现状，就对文旅行业人才的培养和高校教育工作提出了新的要求。从人才培养的角度来讲，仅仅满足从业人员的数量，已经远远无法达到行业发展的需求。反而是必须着手人才的质量管控，才能形成合理的金字塔式人才分布结构，从而推动文旅产业发展。否则大量的基层工作人员只能完善现有产业框架，有关行业的推动和一系列重大改革，却很难得到有效落实。作为应用型本科院校的相关旅游管理类专业，自身的首要任务就是为社会培育需要的人才，为行业输送合格的员工。

　　但是目前我国应用型本科院校的实际教育教学工作开展结果，由内而外的现状是毕业生的人数供不应求，由外而内的现状则是大量用人单位抱怨应届毕业生的综合素质较差。而当学生离校进入工作岗位之后，同样涉及一系列问题。比如企业需要花费大量的时间成本和人力成本对学生进行岗前培训[①]。又如，企业花费较高的成本对学生进行培训之后，一部分学生又会由于各种原因而出现跳槽的情况。尤其是一部分学生毕业后的心态浮动较为严重，认为广阔天地，大有作为，因此很难在某一地区或某一企业长期稳定地发展。这种较高的跳槽率就导致很多企业面临两难选择，如果新员工的岗前培训质量不达标，那么就很有可能影响实际用人效果。反之一旦学生完成了全部的岗前培训，具备了相应的工作能力之后，又可能会为他人作嫁衣。

综上所述不难看出，当前关于文旅产业人才培养所出现的关键问题节点并不在社会层面，甚至也不在人才本身。因为这些问题原本不应是企业考虑的，反而是学生在校内学习过程中应当解决的。因此，各大高校的旅游管理类专业需要认清这一现状，对自身的现行教育进行深度反思。应用型本科院校的旅游管理类专业不仅是人才培养的关键主体，更涉及了文旅产业在我国未来可持续发展的一系列关键因素。不仅要做到完成理论教学和技能培训，同时也要紧跟时代发展的脚步，满足当前企业的实际用人需求。只有培养出符合时代需要的复合型人才，才能真正为文旅产业的发展打下夯实基础，从而更好地推动文旅产业深度融合。基于此，本章节将结合应用型本科院校文旅各类专业的现状，对高等教育的一系列优化策略进行探讨。

第一节　构建符合专业发展的教学设计

一、教学设计的开展要以职业能力培养为主

想要深入研究现有专业教育教学质量的优化策略，就需要从构建符合专业发展的教学设计入手。而教学设计的开展，要尊重行业特性，以职业能力培养为主。目前我国旅游管理类专业教育的核心培养目标，是需要学生在毕业之后具备一种职业岗位的就业能力和研究能力。但是从实际效果上来看，我国文旅行业的人才不仅存在较大缺口，而且也存在严重的人才流失问题。很多企业的人才流失率达到一半以上，这一数据远远超过其他行业的人才流失率。过高的人才流失率，会导致文旅企业的发展缺少足够的人才支撑，也和我国要构建长

---

① 武鹏坤. 当代大学生享乐主义倾向问题研究 [D]. 石家庄：河北师范大学，2014.

期可持续的文旅产业融合发展目标不匹配。因此要解决这一问题，就需要应用型本科院校等一系列高等教育机构合理地制订文旅行业人才培养计划，培养出符合时代特征和行业发展的专业人才。这些人才不仅需要掌握过硬的技术能力，还需要具备更强的综合素养。想要实现人才振兴、文旅振兴，就需要高校在教学设计环节注重学生职业能力的培养和打造。

（一）将专业知识教学和职业思想教学相融合

目前我国很多本科院校的教学质量不过关，实际上是缺少了其中最为核心的职业思想教育教学。学生能够在课上学到专业技能知识，但是对行业的发展以及自身的职业规划缺少正确认识。长此以往，就会导致学生虽然具备了一些实用技能，但是很难将其融入自身的创新创业思想当中。因此，高校的教学设计也应由此入手。学生在入学之后应该通过一系列教育方式，来形成对文旅各专业的初步认识。比如在入学阶段的教育工作中，可以组织专家和学者开展一系列讲座，又或者组织学生参观相应文旅企业，再配合有关伦理专业的一部分基础课程，就可以让学生对所学专业和所在行业形成一个大体的思想框架。在上述内容当中，有关文旅企业的实地考察工作非常重要。比如组织学生入住一次较有特色的民宿，再分别以客人的身份和从业人员的身份，来感受民宿服务的实际内容。结合教师讲授的基础旅游管理类专业知识内容，两相对比之下，就可以让学生对课程体系和教学内容形成自我认知。只有让学生了解真实行业发展过程中的优劣关系，再通过后续逐步提高的课程学习，才能让学生的专业能力得到提高，掌握相应的学习技巧和工作方法，提高社会适应能力，初步形成职业素养。

（二）通过专业教学设计来夯实学生职业能力

教学设计的重中之重在于专业课程体系的打造，而专业课程体系的构建，又和专业自身的特性紧密相关。在传统的旅游类专业教学当中，提高学生职业能力的有效方式有很多种。而其中最值得借鉴的，就是现代学徒制模式[①]。传统学徒制，其本身并不是出于教育目的，而是源自劳动需求，是一种由工作本质所决定的任务形态。而现代学徒或者说认知学徒制，则需要挑选任务和问

---

① 刘永广. 关于现代学徒制人才培养的实践与认识 [J]. 当代教育实践与教学研究（电子版），2017（12X）：2.

题,从而说明特定技术和方法。通过知识的传授,给予学生在不同情境中应用相关知识和技能的机会。再结合不同的任务难度,来训练学生的综合性水平。总的来说,通过现代学徒制模式的教学设计可以在不断增加教学任务难度的过程中,让学生获得更加接近于实践环境的学习机会。再比如,传统学徒制更加强调在实际应用情景中的技能传授。这种传授模式会使得技能和具体产品之间形成明确的关系,相互之间完成映射并最终形成体系。而现代学徒制,学生无法获知教师解决问题的认知过程。技能和知识通常是从现实世界应用中抽象出来的。因此就需要学生通过大量的观察,在教师的指导下进行不同方式的练习。这种组合方式的学习机制,能够帮助学生在极短时间内掌握某一领域或某一行业的特定技能①。

在文旅类相关专业教学设计中,现代学徒制可以包含企业组织结构、企业规章制度、企业运营模式等不同方面的知识内容②。而扮演师傅角色的人,除了教师之外,还可以是相关行业的从业人员、企业家、学者等。借助校园或者实践工作环境,可以帮助学生不断验证学习内容,夯实职业能力。经过大量的研究和反复的尝试,现代学徒制的构建包含相关原则的学习环境,这些原则中有些已经得到了进一步发展,尤其是情景化学习模式、实践共同体的打造、学习者共同体的打造、表达和反思的练习等。总的来讲,现代学徒制的有效运用,是通过学校、企业的深度合作,逐渐模糊化教师和师傅的概念,以学生的技能塑造为核心,所营造的一种全新人才培养模式。

(三)通过实习环节,感受并形成管理能力

在现代化的教学设计当中,实习体系是非常重要的环节。实习不仅能让学生通过亲身实践来增进对理论知识的认知,更能让学生在实践中提高岗位技能水平。其中,顶岗实习是工学结合、校企合作的最直观体现。根据实习时间的长短不同、内容不同、要求不同,通常可以将其分为实习认知、轮岗实习和就业三个阶段。

实习教育的参与主体分别是学校、学生和企业。这种教育模式和常规课堂教育相比,具有管理主体多元化的特性。多方参与,必然会形成更加复杂也贴

---

① 路红,温秀兰.从行业人才需求视角探索专业课程体系构建方案[J].南京工程学院学报(社会科学版),2016,16(1):5.

② 王金茹,潘元,李艳,等.文旅融合时代旅游类高职教育人才培养模式的研究与探索[J].河北旅游职业学院学报,2019,24(2):3.

合实际情况的学习氛围。而从时间角度来讲，通常实习教育存在明显的阶段化特性。其目的就是让学生通过不同的专项实习内容，逐步深化对知识的掌握。而在实习内容方面，相比于课堂教学，实习教育内容更加多样化，地点更加分散化。这一特性既有助于学生深度思考自身和行业的契合度，又可以帮助学生选择自身喜爱的就业方向。另外，从行业体系的打造和教育体系的完善来讲，学生参与实习，有助于校企双方共同构建符合行业需求的学生发展体系，能够帮助学校、企业和学生共同构建三赢局面。这不仅符合我国应用型本科院校旅游管理类专业教育体系的发展，也能够为文旅行业培养更多高素质的综合人才。

学校作为教育主体之一，应当对实习教育的全过程进行系统设计。既要让学生在实习期间学到在学校学不到的经验和技能，又要通过实践教学完善课堂教学存在的不足，通过实习环节感受行业特性并初步形成职业素养、技能素养和管理经验。在进入实习阶段之前，学校应当和企业共同制订实习计划。该计划的制订，可以按照不同时间阶段，规划相应的岗位培训计划和实习考核方案。需要注意的是，教师和企业员工分别要在实习教育中扮演具有不同作用的角色。由企业员工完成师傅的职责，进行岗位经验的传授。再由教师作为审核人员监督整个实习流程的完整性和每个学生的实践表现。根据实习时间的长短、实习内容的不同、实习要求的差异，分别规划实习内容的比重。表8－1为实习流程和目标。

表8－1 实习流程和目标

实习阶段	实习目标	实习成果	参与主体	管理主体	评价主体
认知阶段	了解行业和企业的发展现状、发展趋势。了解不同岗位的特征和工作内容，了解从业所需要的能力和素质。观察企业和岗位的工作流程，初步形成专业人士	调查报告、访谈报告、参观小结、实习感悟	学生、教师	学校	学生、教师
轮岗阶段	理解专业面向的主要就业岗位知识，了解相关的技能和素质要求。感受企业文化和职业要求，确立自身的职业发展方向并培养相关职业习惯	实习经历、岗位报告书、职业规划书	企业、学生	企业、学校	学生、教师、企业
就业培训	熟悉就业岗位的相关工作内容和知识，梳理自身具备的技能和相关素质。综合运用所学知识和掌握技能来解决实际生产中遇到的问题。可以尝试创业实践并培养自身的职场理念和就业理念	毕业论文、实习手册、创业成果	学生、企业、师傅、教师	企业	学生、企业、师傅

（四）鼓励学生创新创业，实现就业创业无缝连接

应用型本科院校旅游管理类专业高等教育课程设计，应当将学生的创新创业培养和创新思维融入教育的全过程当中。创新创业课程既要独立于课程板块之外，又要立足于专业教学之中。其基础设计内容应当包括学生的职业生涯与发展规划、就业与创业指导、成功经验分享或者成功校友讲坛等。这些课程内容不仅可以培养学生的创新精神和创业意识，同时也可以让学生转换不同的视角来了解文旅产业发展特性。简单来讲，就业教育是为了培养合格的岗位人才，为企业输送符合要求的员工。而创新创业教育，则是要帮助学生站在更高的视角来理解行业发展。只有让学生真正学会以企业家的视角思考问题，以老板的思维解决问题，才能使其真正领会创新创业教育的核心目的。为此，学校可以通过指导教师带领学生，对不同的文旅企业进行考察，再结合不同岗位的实训和一系列社会调查活动，激发学生的创新创业能力。

此外，高校和教师还可以帮助学生取得一系列专利，完善实践作品和研究报告，指导学生撰写论文等。想要实现就业创业的无缝衔接，就要有目的地考核学生创新创业能力。学院或专业内部可以成立大学生创业中心，或者大学生创业平台等机构。通过相应的审核机制，对有意向进行创新创业活动的学生和项目，给予一定的经费支持和政策支持。而在文旅融合发展的大环境下，高校也可以鼓励学生借助新媒体或自媒体平台，开展创新创业活动。比如打造有关于文旅相关内容的自媒体账号，通过专业知识的讲解，或者区位内容的打造，又或是视频的精良拍摄等不同方式，都可以快速吸引粉丝和流量，再结合自媒体平台的广告功能和流量效应，就可以为学生快速积累一部分项目启动资金。也会有一部分企业愿意出资金收购这些账号，或者直接吸纳学生的创新创业团队。而要实现就业创业的无缝衔接，高校也可以组织学生进行项目申报，由学校和企业共同参与，共同支持学生的创业计划。甚至可以以校办工作室的名义，入股学生的创业项目，从而形成当前最为流行的校办工厂模式。这种模式既可以为学生提供大量的创新创业机会，也可以以学生的实际创业项目作为案例，指导其他学生开展创业尝试。

二、课程体系设计的开展以工学结合为主

课程设计要突出专业特色，将人才培养的目标细化。文旅相关行业是实践

属性很强的行业，学生只有在实际工作环境当中才能学到各种职业习惯和企业文化，也只有在反复磨炼自身技能时才能学到应变能力和创新力。换言之，在怎样的职业岗位环境当中，就能培养出怎样的人才，应用型本科院校文理类各专业的技能型人才培养，只能在校企结合的环境中实现，因此相关课程设计的开展应当尊重工学结合的特点。

文旅产业融合发展所形成的全新业态，需要构建全新的专业课程体系。该体系的建立需要有相关专业领导和教师共同开展社会调研，根据文旅的一个专业、职业、岗位的工作内容和职业要求，开展和文明企业的深度融合。这种融合工作，最基础的模式是将相关企业的工作标准和服务标准引入课堂教学环节，成为实践培训的标准，再和相关学者以及行业专家进行深度交流，分析并提炼出文旅的一个专业所面向的岗位，规划出其主要的工作任务，并以此为载体，重新构建课堂教学内容，设计符合行业发展的专业课程体系。

在课程体系的构建中，需要在专业建设委员会的引导下，成立由专业骨干教师、企业领导人和行业专家共同组成的课题研发小组。要重视学生的综合能力素养和职业能力培养，将课程体系分为公共课、专业课、核心课、选修课等不同形式，再结合不同类型的课程拓展和社会实践，共同形成基于当前文旅产业发展和具体工作岗位的课程体系。充分利用应用型本科院校作为教学主体的优势，和社会层面的相关企业进行深度融合，开展实践教学。让学生有机会在真实的工作岗位上，一边学习，一边工作；一边夯实专业知识，一边丰富工作经验。这样才能培养出更多具备深厚专业理论知识，同时对行业发展有清晰认识的高质量人才。

模拟系统和管理系统的应用能够使学生的实践课程体系更加丰富，充分锻炼学生的工作能力。目前我国很多应用型本科院校都在积极组建功能完备的实训系统，大量的课程体系都能在实训室内部完成。甚至还有很多院校将餐饮服务、模拟导游、咖啡调制、民宿管理等课程和部分消费资源进行结合，成立的校外实训室能够为学生提供更加仿真模拟的学习环境。在这种环境当中，学生可以快速适应未来的职场，也能够借助在校期间快速完成从学生到职场人员的转变。需要注意的是，这一阶段的模拟系统应用和管理系统应用，除了让学生进行体验式的实践教学之外，还需要学校借助相关系统完成素材采集和数据积累，通过相应数据来反馈学生真实的实践效果。

三、对考试制度进行系统化改进

考试制度是教学制度的重要环节之一。因此，在深入探讨教学方式改革的话题的同时，也应当重视考试制度的改进。众所周知，不同的教学理念和授课方式会产生截然不同的教学效果。文旅类相关专业需要更多地和人打交道、和产品打交道，需要立足于服务理念，相关企业也需要进行人本化管理。而这种和人打交道更多的实践型专业，除了教授基础的知识内容之外，更需要培养学生的思维能力。思维能力的锻炼是传统考试制度很难实现的，因此需要借助教学制度的改革，同步进行优化升级。

文旅类的相关专业讲究以文促旅，以旅载文，因此这也对学生的综合素质提出了更高要求。教学方式的改革，目的是让学生自主发现学习过程中存在的问题，而不再是简单的被动接受。在以往的教学经验中，所有教学方式的改革，其最终成果的认定都需要通过考试来进行体现。学校除了开设理论考试和技能考核之外，还可以要求学生在校期间获得相应岗位的从业资格认证。这种模式的改革，一方面是为了鼓励学生积极探索行业发展的可能性，另一方面是为了让学生充分利用在校时间更多地涉猎不同职业资格认证体系。另外，学校还可以有目的地以各种考试考核和资格认证来抵扣学分，鼓励学生自主探索的积极性，或者将其作为评价优秀学生、获得奖学金的重要依据。这些模式等都在一定程度上约束或者吸引学生，将在校期间的学习精力投入自我提升中来。

四、重视校企合作模式，推广导师制度

校企合作是实践型专业未来发展的必然方向，成熟的校企合作不仅可以帮助学生顺利完成学业，还有助于学生提升实习就业体验。在传统的校企结合模式中，很多学校会为企业设置一定的准入门槛，更加看重企业本身所具备的资质。但实际上，文旅产业作为一种新兴行业，很多企业的规模都不大，人数也不多。它们反而重在自身理念的新颖和模式的优化，恰恰是这种新颖的理念和模式，才是应用型本科院校旅游管理类专业开展实践活动最缺少的元素。为了让学生更好地感受管理企业的特性，学校可以适当放宽校企合作的门槛，鼓励更多有创意的企业加入合作团队中来。再通过企业员工作为导师，向学生进行经验传授，让学生真实地感受文旅产业发展现状，感受文旅行业服务的真谛，

理解企业真实的运营模式和岗位工作内容。这种校企合作模式中的导师制度和校内的辅导员制度完全不同。目的就是以导师的身份来引导学生完成服务，适应从学生到职场人员的角色转变，让学生能够和行业同呼吸共命运，随时感受文旅行业的发展脉搏。

可以说，文旅产业如何发展，对于两个传统行业而言，都是一次全新的机遇。针对应用型本科类院校的文旅相关专业教育工作，却是一次全新的挑战。想培养出一名优秀的文旅行业人才绝非易事，在教育质量的优化和体系改革中，不仅要结合教材教会学生书本上的知识，还应当有目的地把学生培养成符合行业要求，符合企业发展的优秀员工。

第二节 学科专业发展与人才培养优化

一、确立旅游管理类专业的学科地位

（一）旅游管理学科专业地位现状分析

近年来文旅高等教育的发展，之所以没有形成一个清晰的体系，主要是两方面原因导致的。首先就是旅游管理类专业在众多学科当中并没有发展到其应有的地位，至今为止仍然只是一个二级学科。旅游管理类专业虽然在近几年产业融合发展的大趋势下取得了长足发展，但是在我国各大院校的招生名录中仍然没有出现，作为一级学科的文旅学，可以说，文理学或者旅游管理类专业是一个由不同学科相互交叉而形成的综合性学科，该学科包含的内容和知识非常宽泛。但也正因如此，尚未形成一个独立的、更加完善的学科体系，其专业结构也不够规范化。可以说，学科地位的问题是一个历史遗留问题。2000年前，教育部在调整高等教育结构时，曾经将旅游管理专业规划到了工商管理大类之下。这种分级分类模式直接导致该产业的独立性下降，专业性不足，严重影响了旅游产业的发展。另外，很多应用型本科院校在设置旅游管理类专业时，初衷并不是为了更好地发展文旅产业，完善文旅教育，而是为了在争取综合类大学时拓宽招生渠道和学生的毕业渠道。这就导致很多高校的文旅类专业教学能力较差，该专业的开设门槛也被无形拉低。更为严重的是各大高校对于文旅类专业的归属问题也有不同意见，很多相同的研究方向，在不同高校分属于不同专业。这种严重缺乏统一规范的专业结构体系，就会在很大程度上影响各个高校之间文旅类专业的相互交流和沟通。甚至一部分大学生对于自身所在的院校和所学习的专业都无法形成清晰认识。这也严重影响了我国应用型本科院校文旅类专业的建设和发展。

出现以上现象，其实应当引起相关部门足够重视。尤其是教育部门，应当尽快梳理一个文旅教育规范化的专业结构。在一级学科、二级学科专业和研究方向上进行清晰的梳理。比如一级学科应总称为文旅学，下属二级学科则应包括文理学涉及的各个专业。而研究方向则是以培养更高层次的人才为主，将专业集中于某一小的领域。比如文化旅游管理专业的主干课程，包括旅游学概论、旅游管理学、旅游政策与法规、旅行社业务、旅行社管理、旅游地理学、旅游心理学、旅游经济学旅行社、经营与管理旅游市场营销、旅游英语、酒店管理学、酒店餐饮服务与管理、旅游文化学、旅游资源开发管理、景点规划与管理、旅游安全学、旅游企业人力资源管理、生态旅游、旅游客源、旅游财务管理等。

（二）旅游管理学科专业初具规模

回看曾经我们对旅游教育和旅游研究的体系构建，仅限于企业管理学科，包括酒店管理和旅游管理两个专业。这种做法本身就具有极强的局限性，根本无法满足行业的快速发展。目前我国高等院校的旅游管理类专业本身就是随着我国经济的快速发展而逐渐成熟，建立了全新学科。目前我国该学科的建立时间虽只有 20 多年，却已经成为管理学科体系当中非常重要的一个门类。不可否认的是，文化旅游管理作为和工商管理并列的重要学科，已经成为专业培养适应新形势，旅游企业事业单位一线服务与管理的人才的重要阵地。但是由于文化旅游管理专业在各大院校专业设置操作上的一系列问题，很多高校都没有清晰地梳理出一套高校可执行的方案。因此笔者建议，为了真正做到优化旅游管理类专业教学质量，可以采用专业后置的方式。根据各大院校学生培养的实际情况来设置专业，并与当前国内实行的学科体制进行有效衔接。在应用型本科院校，旅游教育学院设置文化旅游管理学院，不设置特定的专业，或者利用专业后置的模式。在当前文旅事业不断发展的趋势下，这才是满足行业多元化经营的有效措施。专业和学科的设置应当满足教育的实际需求，而教育工作的开展又需要以市场为导向。为了教育体系能够找到合适的组织形式和框架，就需要采用分段培养的方法来解决当前文化旅游管理专业设置所面临的一系列问题，让学生具备更加深厚的理论基础，形成更加扎实的专业功底。同时还可以减少教学资源的无效利用，优化旅游管理类专业教学的经济成本，真正做到教学研究一体化，深化内部体制改革。

目前为止，我国国内的部分高校凭借自身的环境优势、文化优势和旅游优势开设的旅游管理类专业学科已经逐步形成体系，但是绝大多数高校所开设的文旅学科很少可以办出自身的专业特色。或者说，所谓的旅游管理类专业特色基本都停留在旅游专业所依托的资源背景上。比如一部分高校所在地区的历史背景更加浓厚，可以通过旅游文化的形式来彰显其特色。或者一些高校本身就位于众多景区的环绕当中，因此也形成了得天独厚的地理优势。再或者一部分工业或设计能力较为优秀的高校，旅游管理类专业的打造往往更加突出文化产品的设计和制造。师范类的高校旅游管理类专业的教学，又具备浓厚的师范色彩。虽然上述内容在一定程度上都表现出了各大高校的教学特色，但实际上这些特色都是依托于高校自身所形成的，而并非从自身的文化旅游管理专业当中诞生出来的。需要强调的是，真正的专业特色绝不仅仅是学校的背景特色，更应该是专业自身的主体特色。相关特色应当立足于高校旅游管理类专业自身的学科研究深度、课程设计广度、教学风格特点和文旅行业结合等多个层面。

（三）构建具有行业特色的学科专业体系

发展和深化旅游管理类专业教育的问题，首先就是要构筑特色的文化旅游管理教育体系，包括专业体系的基础和专业体系的范围。文旅产业的产业活动范围是构建旅游管理类专业教育体系的重要基础。文旅产业是由文化旅游以及多种相关产业共同融合而形成的，涉及的行业众多。这些行业又彼此交叉，彼此渗透，想要将其进行梳理，存在一定困难。但是文化旅游管理专业教育仍然有自己的主干专业，就是以旅游专业作为依托，将文化产业的相关元素进行融合，从而来选择和构建完整的专业体系。这样的专业体系设置不仅可以使各个院校在人才培养环节具有一定的统一性，同时在人才的接续性培养上，也能形成一定的连贯性。不仅可以避免传统旅游专业教育所面对的混乱局面，也能够更好地发挥旅游管理类专业辐射面更广的优势。在设置文旅类专业时既要考虑旅游专业自身的需求，也要考虑跨领域和跨专业的辐射。对于部分高校而言，旅游管理类专业可以设置为新专业，也可以考虑设置一个复合型专业，结合自身的传统优势专业，通过改造和再培养而形成一个具有自身优势和特性的全新专业。这种复合型专业的设置，既可以满足文旅产业的发展需要，还可以为其他行业培养有关联的从业人员。师范类院校设置旅游管理类专业时，可以结合自身的师范教育优势，培养更多能够胜任专业教师的文旅人才。工科的院校可以结合自身工业设计等专业优势进行融合，推出更有设计能力和创新力的旅游管理类专业。这种专业设置不仅可以提高人才的可塑性，也可以强化毕业生在某一类岗位上的适用性，进而优化当前文旅类专业毕业生人才缺口大，但是就业困难的现状，从根本上减少教育资源的浪费。

此外，就是要明确文化旅游管理专业教育作为一个没有完全成熟的应用型学科，其本身和一部分基础理论研究型学科存在很多层面的差异。比如其中的教学规律和人才培养目标都会有所不同。旅游管理类专业更加重视培养实用型人才，因此对于目前某些专业内涵模糊、培养目标不够明确，或者覆盖面积过大的旅游管理类专业，应当及时进行调整，适应行业的发展和人才需求。从文化旅游管理专业诞生至今，仍然有很多高校教师的职教经历非常丰富，但工作经历是一张白纸。如果只是按照教材内容来进行授课，那么必然会缺少对于行业发展的自我认知，影响学生的实际学习体验。而这也是大部分高校旅游管理类专业，教育教学效果不佳的重要原因。随着我国文旅行业的不断发展，近年来也呈现出了诸多新特点和新面貌。文旅人才市场的需求发生了多次变化，而旅游管理类专业的教育工作也需要根据相关变化来对专业和课程进行调整。专业和课程的调整，除了要从教育基本面出发之外，更需要结合当前行业的发展趋势。大量文旅新业态的诞生，各种现代化科学技术的融合应用，都应当成为行业体系优化升级的重要参考。比如新冠疫情管控放开之后，城市周边旅游的比重大大增加。相比于传统酒店行业的发展，民宿和特色度假小镇的市场营业额纷纷提高。旅游交通模式的改变，以及文化娱乐形态的升级等内容都是行业逐步发展过程中形成的全新业务，而这些业务形态对于人才的需求和标准也有所改变。为了应对这种变化，高校必然需要通过新增课程使学生的基础行业知识得到优化，能够紧跟文旅产业的发展节奏。另外，要建立文旅教育规范化的专业机构，形成一套符合行业发展逻辑的文旅教育体系。这不仅直接关系着我国文化旅游管理专业教育的发展，更关系着未来文旅从业人员体系的升级，关系着在校学生的知识结构、适应性和专业技能水平，更关系着我国文旅产业的融合和可持续发展能否达到预期水平。

相比于很多老牌专业而言，文化旅游管理专业是一个正在成长的学科。而身处于信息爆炸的时代，这种成长性学科必然会受到多方面因素的共同影响，而难以对其进行清晰的专业划分。因此，就需要高校领导能够遵照多学科性较强的边缘延伸特征，站在时代发展和行业发展的角度，对整个专业进行宏观摸底，形成全景式的结构认识。如果旅游管理类专业的设置过于粗放，就必然会影响培养学生解决实际问题的能力。如果专业的设置过于细致，又会影响人才本身的覆盖面积和跨领域适应性。根据文旅产业融合发展的进程以及业务范围，可以合理地预测各个业态后续对于人才的实际需求。管理专业学科的内在特点正在逐步显现，并且已经开始影响到社会层面对于该学科的认识。无论是专业划分，还是学科改造，其重点都在于对行业发展的把握和调整。文化旅游管理专业教育，应当如何摆脱行业的滞后性，摆脱自身的被动地位，是当前教育界和学术界正在共同研讨的话题。总的来讲，解决方式包括充分借鉴其他国家的相关行业发展历程，不断凝练具有中国特色社会主义的学科发展方向。重视学科特色的打造，加快旅游管理类专业和其他学科的互相渗透和交叉，重视学科建设，使文化旅游管理学科水平和我国文旅产业的地位相匹配和适应，能够真正成为为文旅产业输送人才的教育主体，打造牢不可破的文旅行业教育阵地。

二、明确专业办学层次和人才培养目标

（一）办学层次与人才培养目标的现状分析

当前世界范围内，高等教育的主要办学模式可以归纳为三种：其一是研究型办学，其二是应用型办学，其三是综合性办学。文化旅游管理专业的显著特点，就是具有很强的实用性。但专业类的不同体系、不同层次也有着各自特性。比如本科学段以上应当以培养中高级管理人才为主。在探讨应用型本科院校文旅高等教育优化策略时应当以教育层次对专业层次进行区分。在专科的文化旅游管理专业中，应当以培养初级和中级岗位人才为主，包括管理人才、财会人才、景区建设人才、产品研发人才、生产设计人才、营销管理人才和宣传推广人才。通过扩大传统旅游类专业规模，或者改造升级其他专业，能够培养出大量具有跨领域复合属性的人才，这一部分人才需要更加强调其工作能力和适应性。而本科及本科以上学历的学段，则应当注重培养具备创新意识的管理开发型人才。这一部分人才的主要工作应当以开拓文旅项目、管理文旅企业、规划文旅产品为主。人才培养的重点方向应当是高管岗位、规划岗位和经济性

岗位。其目的是加强对文旅行业的探索开发，构建上层次、上规模的文旅项目。另外，文旅本科教育和学术性研究生教育也应当有所区分，培养目标应该定位在具有更加深厚专业基础、重视实践应用、追求创新和特色的高素质综合型文旅管理人才。

之所以当前我国本科学段的文化旅游管理专业发展不理想，核心原因在于目前文旅企业的从业人员普遍是从高职学段或大专院校毕业。正是缺少大量本科以上学历的人才，从而导致整个文旅产业内部的高层管理人员质量较差。国内很多星级酒店的高管都要求是留学归国人员，或者直接从海外引进人才。单从这一点上来讲，就可以充分说明我国目前在培养高端文旅人才上仍然存在很大不足，人才缺口也很大。深入分析这一现象可知，目前我国本科学段的文旅教育进展较为缓慢，开设旅游管理类专业的应用型本科院校数量远远少于专科院校。最核心的原因是行业需求还没有真正体现，应用型本科院校还没有敏感地发觉旅游管理类专业未来高端化的发展趋势。对于文化旅游管理行业，目前我国还未能完成与国际接轨，很多国际化的要求还无法完全适应。同时国内的旅游教育改革也相对滞后，局部地区还存在地方保护主义。这种追求小而全的文旅教育思路，在很多高校都能体现。这种教育布局会使得我国文旅教育在较低的水平上持续徘徊，最终的结果就是文旅产业的人才结构失衡。大量底层服务人员的饱和和高层次人才的匮乏，必然会影响文旅产业在未来的发展，甚至会在一段时间内限制文旅行业的发展高度。定位不清晰和各自为战，就会导致大量的教育资源浪费，而严重的教育滞后性又会影响学生的实际就业。

（二）明确旅游高等教育办学定位和人才培养规模

文旅行业的覆盖面非常广，行业内部又存在大量重复和交叉的业务体系。这就导致产业发展会存在很多间接或直接的影响因素，容易给旅游教育的规模和层次发展带来困难。我国文旅产业融合的特性是起步较晚，但发展很快。行业内部的成熟人才基本都是从文化和旅游两个行业跨领域而来，人才的层次和梯队仍然不够稳定。对于很多外行人而言，并不能够非常清晰地区分文旅行业和旅游行业，甚至很多人才的界定和层次的规划也处于一种较为模糊的状态。尤其是在应用型本科院校的课程体系架构、教学优化升级等方面，采用多目标规划的方法，可以在一定程度上帮助确定教育规模和层次。简单来讲，就是通过旅游行业的发展指标，包括游客数量、文旅经济收入等，参照不同时期的经济发展，对于文旅产业的收入构成进行计算。再根据劳动生产力以及相关的文旅服务、文旅设施，对目标项目进行档次划分。在确定文旅行业从业人员的规模和层次基础之上，明确当前文旅行业发展所需要的教育层次和规模。再根据这种需求来制定教育体系，因此不同地区，需要根据自身的文旅行业发展情况，分别确定学院的办学层次和专业的培养目标。不同的学校又需要根据自身教学特色、师资力量、教学水平、学术积累等多方面因素来构建教学设计体系。通常来讲，传统旅游行业发展较为成熟的地区，或者旅游经济水平较高的地区，其本身就拥有大量的基础从业人员，因此，应当着力培养更高层次的管理型人才，以从事研发规划和日常管理。而对于文旅行业基础较差的地区，则需要兼顾基础人才和高端人才的培养，这样才能做到各司其职，不论成绩好坏、能力如何、毕业之后都能找到就业岗位。反之，高校同样需要注意避免出现两种问题：一是对专业进行盲目升级，在没有任何学术和经验积累的基础上申办更高等级的专业；二是扎堆培养，大量同质化人才的输出，必然会导致行业人才体系的失衡。尤其是第二点，部分院校领导对于行业的理解和前瞻性不足，就很有可能出现跟风办学的情况。教学基础薄弱，缺少教育特色，没有核心价值的支撑，最终毕业生的就业也成了老大难问题。

正是基于上述理论，教育分层、教育分类也成了旅游管理类专业教育发展逐渐成熟，形成系统的标志。根据文旅行业发展特性以及人才市场的需求特点，整体教育结构应当呈现金字塔形的均匀分布。所谓的均匀分布，是指在全国人才大战略的基础上，不同层次的培养目标、培养数量、教学内容和相应的课程设置都应该有自身特点。旅游管理类专业的实用性很强，这就导致了很多从业人员的能力培训不仅需要经过理论教学，更需要结合实际工作环境来构建完整的课程教学设计。根据其他国家文旅产业的发展经验，旅游管理类专业的本科阶段是最为核心的主体层次。研究生教育应该主要针对两个方向，包括职业方向和学术方向。职业方向的主要培养思路是以学校教育为基础，深入实践，专门研究行业发展过程中的实际问题，学生在硕士研究生毕业之后，就已经拥有了大量的实践经验，同时对行业的发展态势也足够熟稔。而学术方向则是以培养硕士和博士为主，主要的人才培养思路是为了直接进入文旅产业的管理领域。从学生的实际就业情况和人才培养层次来看，行业对于专门的学术研究型人才需求量不大，大多数学生在毕业之后会直接到相关部门以及企业就业。这就直接导致了课程设置需要以行业的发展和未来的职业导向为主，但可惜的是，目前为止的国内课程体系和教学方式都是以学术为导向。以职业导向的数量很少，且发展程度较低。总的来讲，目前我国文旅行业的整体发展趋势呈现出了理论研究和实践研究相脱节的情况，以至于高校旅游管理类专业的理论教学想要得到有效完善，就需要从其他专业借鉴成熟的理论研究模式。但这样的研究成果既不能有效指导文旅行业的发展，又不能推动文旅项目的实践，更不能成为文旅管理部门进行决策的有效意见。

文旅行业的进一步发展离不开伟大愿景的目标制定，但同时也需要具备理论知识和实践经验的高层次管理人才。因此，优化旅游管理类专业教学质量，提高人才层次是至关重要的。行业发展所需要的人才重在质量而非数量，必须要重视伦理理论的教学和研究。在教学内容上，需要探索足够的理论深度。在课程设置环节，需要有意识地为学生拓宽文化视野。在技能培训方面，应当打造一专多能的技能体系，有利于学生未来的进一步发展。可以说，纵观我国当前文化旅游管理专业的建设和推广，对于学生的培养宜精不宜繁。需要更加注重文旅管理专业人才的打造，重视文旅学科的探索和研究。文旅高等教育要为社会培养更高层次的专业人才，深化文旅现象的学术理论性研究，总结相关的行业知识和思维。这样才能确保学生和教师转变自身观念，夯实理论基础，深入实践活动。不再只是从书本到书本，而要做到从实践到实践。

第三节　旅游管理类专业教师队伍的建设

一、开展"双师型"队伍建设工作

（一）与企业共同培养

"双师型"教师队伍的建设，一直以来都是很多专业的体系构建的重中之重。对于旅游管理类专业而言，除了对教师的专业学历进行提升之外，也需要组织教师定期深入文旅相关企业进行挂职锻炼。或者由教师带领学生组建不同的工作小组来完成部分工作，以此来锻炼教师的工作能力和行业敏感度。也就是说，只有教师既会教又会做，成为真正的"双师型"教师，才能带领学生，熟悉各个岗位的工作内容和应用体系。通常大多数应用型本科院校所采取的方式是在寒暑假安排教师到相关文旅企业挂职锻炼，挂职的主要内容包括业务提炼和管理技巧。通过在挂职期间了解到的相关内容，来反哺课堂教学环节。

（二）定期考核

当前我国教育体系所倡导的工匠精神，其核心内容就是要求教师能够既重视理论又注重实践，做到理论与实践相统一。对于旅游管理类专业而言，一方面，可以聘请相关行业的专家来担任专业课教师或者技能教师。这一类教师的工作内容，既可以弥补专业课教师在实践环境方面的不足，也是为专业体系建设拓展合作，保证校企结合工作落到实处，让学生有更多的资源和渠道进行社会实践。另一方面，高校也可以利用多种途径来提高专业课教师的职业素养。由于很多教师的工作履历较少，都是从学校到学校，缺少了社会层面的锻炼，因此高校应当在这一环节入手，组织教师到文旅相关企业挂职锻炼，既可以提高教师的岗位和行业认知，又可以培养教师的实践和操作能力，同时还能提高教师对学生的管理水平。另外，高校还需要组织教师对外进行观摩学习，深度开展考察交流，积极参加各类比赛，从而提高自身职业素养。"双师型"资格并不是一个简单的称号，而是一种能力的认定。因此，校内的"双师型"资格需要进行定期的认定和持续性考核。根据教师的教学经历、挂职经历，对其资格和级别进行系统化的认定，再根据认定后的级别给予教师相应的待遇。这种资格认定最忌讳一次认定，终身受用的模式。为了充分激励教师的工作积极性，必须规定一个周期，对"双师"型资格进行定期的审核和更新。

二、理论实践型文旅教师队伍的打造

（一）加强高水平师资队伍建设

师资队伍是实现学校人才培养目标的基础和保证，是学校改革发展的关键点，尤其是对于行业性特别明显的旅游管理类专业而言，拥有良好的"双师型"师资环境就显得更加重要。任何一个专业想要得到发展，除去学校的办学条件，以及不同学院独特的管理方式之外，师资水平的高低往往决定了最终的教学质量。纵观我国当前的旅游管理类专业发展，呈现出的特征是相关院校和专业的教师数量略显不足。和其他老牌学科专业相比，部分新办旅游管理类专业的教师，无论是在工作经验还是教学经验等方面都有待提高。值得注意的是，师资力量的评价标准，除了教师数量和整体教学能力之外，学科带头人的作用也非常重要。一所学校的某一专业，如果拥有较高水平的学科带头人，就很有可能带领该专业将教育质量提高一个等级。因此缺少足够优秀的学科带头人，也成了制约旅游管理类专业教育质量发展的另一因素。除此之外，教师的教学工作效果是否理想，还与教师的实际工作经验息息相关。目前我国大多数旅游管理类专业的教师或教授，对于相关专业的工作经验或多或少都有些不足。其中一大部分是从传统旅游管理类专业转行而来，也有一部分是在文旅行业中工作一段时间之后，加入教师队伍当中。另外一个较为突出的问题，在于高校内部从事课程讲授的教师，或多或少都缺乏相关专业的工作经历和实践感悟。以至于教学节奏相对缓慢，很难让学生感受到外部环境的压迫感。与国外高校的旅游管理类专业课程设置相比，国内的旅游管理类专业学生时间相对充裕，很容易导致学生散漫自由。如果没有及时对接文旅行业企业真实发展的前沿需求，就很容易导致课程内容过分教条。既达不到理论深度，又缺少实用性。在这种体系下培养出来的学生，很难适应当前飞速发展的文旅产业，很难在激烈的市场竞争中表现出自身的能力和适应性。尤其是刚刚建立起的文旅院校、学院、专业，适应能力不强的问题更加突出，需要相关领导和教师给予足够重视。

（二）多方位加大教师队伍建设

要实现优质文旅人才的培养计划，就需要培养一支高素质、高专业能力的教师队伍。该教师队伍的养成，可以遵循双向培养的思路。一方面，学校可以积极创造机会和社会各界进行合作，让专业课教师到企业中进行挂职历练。除此之外，还可以组织教师，通过培训考试行业的相关资格证书，丰富自身的学术性。另一方面，高校也需要打开大门，招聘具有丰富工作经验的专业人士。社会性人才往往具备充足的实践性和创造力，只需要经过教育心理学的培训，掌握系统的高校教育教学方法，就可以完成角色转换，补充到高校教师团队中。对于大多数高校而言，在现有的教师团队中，择优培养，让教师逐步提高自身的理论和实践能力。可以采用学术交流的方式，与其他院校进行短期学习，交流不仅可以提高教师的文化视野，也可以复制一部分适用于学校自身的教学理念和教学方法。旅游管理类专业的教师既可以与各个企业形成紧密联系，也可以和其他院校组成学术讨论小组。将旅游管理类专业教育的主体，从单一的高校发展成学校和企业的共同阵营。由于文旅行业本身非常注重实践，教师在相关企业中挂职，不仅可以丰富自身的工作经验，还可以将这些经验通过梳理和总结带到课堂中，传授给学生。学校需要出台一系列管理办法和政策。既要考核教师的实际工作状态和工作效果，又要做好及时的监督和反馈，为真正的校企深入合作奠定基础。

除了和社会层面的相关企业进行合作之外，高校还可以鼓励专业课教师到文旅相关部门中去研究、去体验。围绕文旅产业融合、文旅产业发展、旅游管理类专业教育的科学研究，培养教师自身的教学能力和专业水平。尤其是要重视学科带头人的塑造，打造良性的旅游管理类专业学术梯队。在学科带头人的带领下，学校要重视培养一支懂教育教学、懂文旅产业、懂旅游管理类专业的优质教师队伍。除了日常的教育决策报告之外，还需要加强对文旅产业发展的关注，加深对相关教学模式的研究。

第四节　旅游管理类专业课程设置的完善

课程设置是专业教育的核心问题，直接关系到高等教育的质量和人才培养成果。而课程设置的水平又取决于课程体系的深化改革和行业发展水平，也就是说，课程设置和行业发展之间是相互依存的关系。当前我国文旅产业的迅猛发展，对于旅游管理类专业教育体系的改革同样有着深层次的依赖，如果不能以创新精神在专业和课程体系设置方面进行深化探索，那么高校旅游管理类专业教育体系，就会成为限制文旅行业发展的关键因素。反之，如果能够借助高校平台培养出更多高素质的从业人员，全面推进旅游管理类专业素质教育，就可以帮助文旅产业进行快速拓展。

从产业类别上来讲，文旅产业属于第三产业，旅游管理类专业通常被划入经济类专业或管理类专业。在我国当前开设旅游管理类专业的各大院校中，有相当大一部分综合类大学自身已经拥有了足够的相关专业基础，比如经济学、管理学、市场营销学等。这一部分综合类大学，打造旅游管理类专业更加顺利。但同样也有一部分应用型本科院校拥有自身的特殊优势，比如外语学院的优势就在于有利于导游的培养。另外一部分农林院校的优势则在于地理地貌和旅游资源开发等环节，其已经掌握足够多的数据和资料。但不可否认的是，大多数高校目前开设的管理专业，往往受制于师资力量和专业知识的积累，存在较为严重的东拼西凑问题。表 8－2 为旅游管理类专业四大类课程所占比例，表 8－3 为我国某本科院校与欧洲某院校文旅课程比较，表 8－4 为中外文旅院校课程比较。

表 8 - 2   旅游管理类专业四大类课程所占比例

类型	基础课	专业课	语言课	选修课
我国某应用型本科院校	27	25	37	12
应用型本科院校学分制	28.7	29.8	31.9	9.6
欧洲某本科院校	33.3	50	8.3	8.3

资料来源：任海珠. 中外旅游专业课程设置特点的比较分析与启示［J］. 旅游纵览（下半月），2014（4）：314.

表 8 - 3   我国某本科院校与欧洲某院校文旅课程比较

主要课程	国内	国外
市场类课程	1	6
财会与金融管理	4	6
人力资源管理	0	5
餐厅服务与经营	1	3
饭店经营	2	3
旅游类课程	3	6
食品科学与生产	1	6

资料来源：任海珠. 中外旅游专业课程设置特点的比较分析与启示［J］. 旅游纵览（下半月），2014（4）：314.

表 8 - 4   中外文旅院校课程比较

主要课程	我国课程数量	外国前两年必修课	外国后两年专业课
经济学类	2	7	—
财会	4	6	13
餐饮	1	4	21
人力资源	0	3	6
经营管理	2	4	16
市场旅游	4	6	15
物业	0	3	—

资料来源：任海珠. 中外旅游专业课程设置特点的比较分析与启示［J］. 旅游纵览（下半月），2014（4）：314.

通过表8-1～表8-3不难发现，我国与外国在旅游管理类专业的课程设置上存在极大差异。首先就是在语言课程当中，我的语言课所占比例极高，但在绝大多数学生的就业和工作中英语的应用概率并不高，这种英语课和专业课的比例不协调，直接导致了很多学生毕业时的知识结构存在问题。反观国外旅游学院，对于专业知识的重视程度很高，相比之下，我国旅游管理类专业毕业生的专业知识和技能表现出了一种先天不足，后继乏力的状态。由于在校期间涉猎的专业知识不足，他们在工作中需要花费大量的时间和精力来弥补，造成很多学生都需要在毕业之后从头开始学习专业知识。更有甚者，正是由于大量的学生在校期间专业课程学习不够深入，很多学生，甚至社会层面都流传出了大学无用论。实际上并不是上大学没有用，而是我国部分高校的部分专业课程体系构建存在问题，不仅会影响学生在校期间的学习状态，同时也对该专业未来的发展极其不利。

高校在文旅教育核心课程方面的开设往往会遇到很多困难，阻力颇多。其中最为关键的几项因素包括：部分应用型本科院校的文化旅游管理专业毕业生，在就业市场上缺少足够的竞争力，即便顺利地通过面试，走上工作岗位，也会显得缺乏底蕴，后劲不足。而想要使我国文旅教育事业得到健康且快速的发展，能够培养出更多优秀的行业人才，当务之急就在于提高旅游管理类专业的教学质量。从课程体系打造的角度来讲，可以主要侧重以下几个方面。

一、修订教学大纲，设置合理化课程内容

课程体系是实现教学目标的有效渠道，设置合理化的课程内容，是提高人才培养质量的关键节点。要加强课程体系设置的包容性，不断深入挖掘专业学科的理论深度。要贯穿专业课的基础板块，从专业入手，拓宽学科交叉使用效果，建立起宽泛的专业口径。这样才能形成以基础课为基础，以专业课为框架，以相关学科内容为主体的一体化课程结构。基础课程要更加侧重学生文化素养和职业素养的提高，专业课程应当深耕专业知识，优化学生的专业素养和技能熟练度。其他相关联的学科课程，应当为学生积极拓展行业相关知识，建立更加坚实广泛的专业基础。通过这种方式培养出来的人才才能够具有更好的弹性，同时也有利于学生创新思维的养成和创新能力的提高。

而在实际的课程开设方面，各大高校应当发挥自身现有优势。同时还可以

采取相关措施，对现有专业体系进行切实改进。如果遇到某些专业课程存在一定的开设难度，或者在一段时间内难以开启，就应当尽快构思可行性计划，聘请或有计划地培养相关专业方面的师资力量。在积累起足够的教师团队之后，才能够解决课程开设的问题。而在课程设置上，相关专业应该立足于行业发展，着眼于文旅产业的未来，既要满足学生在校求学的需求，又要争取让学生的就业竞争力得到提高，力求让旅游管理类专业体系教学所设置的课程做到数量多、辐射广、专业强。比如在文旅人才的培养环节，除了专业课程体系之外，还应当培养学生的现代化大旅游观念，让学生形成和文化旅游管理全过程有关的知识体系，并将其分门别类地完善课程设置。通过专业必修课、专业选修课和文化拓展课的方式，让学生自由搭配。目前我国在文旅高等教育领域，对文旅行业的外延认识就比较局限，因此设置的教学内容往往较为传统，或者比较呆板。除了基础的中文课、英文课和计算机课之外，对于教学中涉及的扩展宽度远远不够。这种较为狭隘的课程设置，必然会导致学生的基础教育受限，也会影响学生个人素质的培养提高。

二、教学内容的打造应该实用且丰富

在旅游管理类专业的教学内容设置上，需要着重体现知识性、实践性、系统性、科学性。同时应该着重行业发展的动态化，跨领域交叉的综合化，现代技术应用的信息化。将这三者结合，再通过教材的打造，就能够优选出很多优秀的教材内容。同时，各大高校和相关专业教师也可以充分借鉴国外优秀的教材内容，通过提高教师的实践能力和科研水平，对教学内容进行逐步深化。教学过程中，教师应当注意及时引进最新的行业相关知识。高校教师和社会层面的科研机构以及相关企业需保持紧密联系，这样才能及时了解并掌握最新的行业动态，对近阶段一系列研究成果进行分析，并将其融入教学内容当中。该模式可以让学生紧跟专业发展趋势，适应现代化科技给文旅产业发展带来的影响。教学内容的增加，对于同步发展专业教学内容和学生技能有着双向促进的作用。尤其是在很多欧美国家，环境保护专业、文化旅游专业、旅游地管理专业学科都非常成熟，也已经探索出了一套完善的社会和教学关系，这种模式非常值得国内高校进行借鉴。对于一部分还没有开始或者刚刚起步的课程而言，找到对标内容，学习先进经验是非常高效的解决方式。

在教学方法的优化上，高校和教师应当了解旅游管理类专业的特性，对传统的教学模式进行优化改革。一方面，教学理念应当从教给学生知识转变为教会学生学习。要避免过于单纯的灌输式教学方法，转变为启发式的教学思路。结合教材内容，教师可以使用课件教学、案例教学、实践教学等多种现代化教学方式。有些专业需要和国际接轨，需要推行双语制。比如旅游饭店就是最典型案例，每一家饭店都是一个小社会，在这个小范围内，每天都会碰到各种各样的问题。这些问题，有些是学生曾经接触到过的，还有很多是其从未了解过的。甚至有些学生还会在工作中触碰到一些社会的阴暗面，如果学生在校内没有接触过这些内容，没有训练过，那该如何应对这些问题？当学生真正遇到这种复杂情况时，有很大可能会手足无措，作出错误选择。因此，教师需要在校内教学过程中通过对工作中可能存在的问题进行梳理，帮助学生正确认识可能遇到的困难和问题，并借助相关案例进行分析。在课堂上要让学生畅所欲言，大胆想象，提出各种解决办法。其目的就是启发学生思想，锻炼学生随机应变解决问题的能力。

在教学手段上，高校教师应当积极拓展并应用各种现代化技术手段。在课堂上为学生带来各种新思想和新观念，发挥现代化教学设备以及多媒体在旅游管理类专业教育中的重要作用。这样既有利于行业人才培养的加速，又可以帮助学生快速适应真实的文旅行业工作氛围，达到优化教学质量、提高教学效率的目的。尤其是在文化产业数字化领域、文旅产业信息化领域，都离不开各种计算机技术和多媒体技术的应用。在对比中外课程体系内容设置的表格中，不难看出国内的旅游管理类专业课程数量较少。而之所以无法填充更多内容，很大一部分原因在于教学信息无法通过传统的教学方式进行传达。只有借助现代化技术，将录像、投影、微课等全新的教学模式进行结合，才能构建更加直观且动态性的教学信息输出渠道。运用现代化的信息传输手段，不仅可以打破时间与空间的限制，让学生随时随地地学习知识，同时这种方式也深受学生们的欢迎，声像教学可以有效缩短时空上的差异，让学生仿佛身临其境，感受工作场景，体验工作内容，了解不同岗位的工作风格，学会如何解决可能遇到的问题。同时，现代化的信息教学手段，还可以避免课堂理论教学过于枯燥的弊端，充分激发学生的学习兴趣和主观能动性。

第五节 完善多元协同育人体系

一、重视实践教育，培养学生职业能力

目前我国高等院校的大多数专业都存在过度重视旅游学习、重视知识传授，轻视职业技能、忽视能力培养等一系列问题。这些问题主要体现在相关教学内容的设置和教学活动安排上，理论课偏多，专业课针对性不强，公共课重视程度较低。尤其需要注意的是，作为检验学生能力和实际学习效果的考试，几乎都是以考理论知识为主要形态，再加上学生的日常表现分数，共同构成了最终的考核分数。这种考核模式缺少了对学生实际操作能力的测试，也没法认知学生分析问题和解决问题的能力是否得到提高。甚至可以说，对于很多专业而言，这种考试方式是不科学的。文旅相关专业当中，学校设置的课程内容以理论为主。但学生在毕业之后，从事的大多数工作都要进入文旅产业一线。这时就会发现学生实际需要掌握的实践能力，重要性要远远高于单纯的理论知识。最终就会形成，学校认为学生学习不用功，学生感觉学校教授的知识太少，企业认为学生学到的内容和实际工作联系不大。这种尴尬的情况，主要是高校课程设置当中理论教学与实践活动比例失调造成的。大学生缺乏实践训练，学到的理论知识也无处印证，最终就会大量产生高分低能的毕业生。无论是用人单位还是研究单位，都在高校的人才培养工作中参与度较低。有些还是被动参与，就无法在专业人才的技能培养、职业态度以及多个方面形成助力。

针对这一点，我们同样可以参考国外旅游管理类专业的教育经验。国外的相关专业教育对实践课的要求极高，想要毕业通常需要达到 800～1000 小时的时间。通常情况下，在经过相关时长的实践训练之后，学生已经具备了足够的基础岗位工作经验。参考这一数据，结合我国文旅产业的发展，高校务必要增加实践课程在整个教学设计中的比重。学生的岗位实习和企业实习，时间至少要维持在半年，并且还要在不同岗位上充分进行锻炼。高校的文旅教育，应当开展校内模拟训练和岗位实训。首先，校内模拟训练需要基于全新的教学理念和教学实践。只有将实践教学融入整体的课程设计当中，成为考核学生学习成

果的重要标志，占据最终考核分数的一定比重，才能引起学生的足够重视；或者要求学生在毕业设计中陈述自己的实践履历，作为毕业论文的相关数据。这种模式不仅可以让旅游管理类专业的实践教学更加立体化，也可以为学生安排更多的课程和课时。在教学安排上，实践课的比重需要不断提升，让学生有充分的时间和精力来消化理论专业课内容。在外部实践环节，合作的文旅企业可以将自身内部对员工的能力要求形成标准，让学生在企业实习期间以此标准来要求自己。其次，想要充分发挥企业的作用，高校也可以改变传统的毕业实习模式。将集中在一起的长时间实习，改为穿插在不同年级的短时间实习。这种模式优点在于学生可以将理论学习的时间和实践反思的时间进行交替，一边学习一边实践，更好地消化相关专业理论知识。而且在实践过程中遇到的各种问题，也可以返校之后和教师以及其他同学进行共同探讨。一部分条件允许的学校，可以在学生大一期间就组织几次短时期实习。这种实习的目的在于让学生正确认知行业发展，激发学生的学习兴趣，找到清晰的学习方向，培养学生的钻研精神，提高学生的实践能力。

至于教学方法，可以在传统授课方式的基础上，结合现代化的文旅理念和科技手段，构建产学研三位一体的实验模式，和传统的优秀文明企业深度合作，建立稳定长期的实习基地。又或者采用校企结合联合办学等方式，将培养学生和培养优秀员工进行同化，把原本的两个人才培养过程融合为一个。这样既可以帮助学生更好地掌握专业知识，又可以快速让学生形成工作能力，在最短的时间内完成从学生向职场人员的角色转变。

二、从学术研究和机构设置上加大文旅科研

近年来，我国文旅高等教育在规模和体量上都取得了长足发展，但是和很多传统学科及专业相比，旅游管理类专业还很年轻，专业的科研工作还显得非常薄弱。产业的发展情况和学术研究水平并没有得到稳步发展，在学术界或教育界也缺少具有影响力的科研成果。究其原因，在于很多传统行业的思维观念还没有消除，全新的行业观念和市场观念未能完全形成体系。很多人受到传统职业教育思想的影响，认为旅游管理类专业就是旅游行业的升级，本身和传统的职业教育没有差异。这种思维的根源在于很多人缺少对文旅产业融合的正确认识，缺少对文旅行业的本质理解。

还有很多教师也是从其他专业转行而来，以至于当前旅游管理类专业大多

数的科研成果还没有摆脱对传统学科的依赖。其中有一部分教师转行较早，尝试过将自身所在的传统专业论文和专著打上文旅的标签之后，进行成果发布。这种方式，在一段时间内确实为本专业的学术研究填充了部分内容，但不可否认的是，仍然有一部分教师或者学科带头人，其发表的科研成果只是借着文旅的名头，而内容和文旅行业几乎不产生关联。这一现象也引起了有关部门和学术界的高度重视。旅游管理类专业一直被视为旅游专业的升级和延伸，因此也被定义为一门应用性学科。而应用性学科的特征就在于其浓厚的经验需求，这种认识也使得我国文旅教育界对于理论研究缺少应有的热情。还有一部分教师本身来自社会各层面，因此对理论也表现出了认识不足和不够热衷等情绪。可以说，任何一个学科想要长足发展，都离不开理论框架的建设，离不开对本国国情和行业发展的深刻认识。如果只是站在经验论的基础上，虽然可以在短时间内提高学生的实践能力，但和学科建设的历史跨度相比，如果缺少了足够厚重的理论研究和科研成果，那么必然会使得该学科、该专业结构不稳，很容易影响其后续发展，也不利于专业人才的框架打造。虽然文旅学科在我国形成的历史还较短，和其他学科相比缺少足够的理论支撑，但好在国家教育部门已经充分认识到这一点，并且作出了针对性的调整。

科研水平不高，行业没有形成最终的逻辑和体系，是制约我国文旅行业发展以及文旅教育质量提高的核心原因。因此，所有的行业参与者以及教育教学主体，都应当发挥自身作用，为我国文旅理论研究共同营造一个良好氛围。相关部门和行业协会应当共同建立起不同等级的文旅研究课题，组织起全国文旅研究机构。除此之外，还可以由政府负责或相关企业出面，创办有关文旅行业的学术刊物、理论刊物。据以往经验，国家教育部划分的核心与权威学术刊物当中，有关文旅产业的刊物占比极少。即便是曾经在行业内部被广泛认可，且公认水平较高的《旅游学刊》，也因为隶属于某大学旅游学院受到了一系列负面言论影响。为了解决这些问题，理应由国家文旅部和教育部共同出面，主持一个全新刊物的创办工作。文旅刊物的建立，不仅可以为相关专业的教师和学者营造一个学术交流的平台，同时也有利于和国际社会展开文旅产业的交流合作。学术研究的最终成果，关系着我国文旅产业在国际上的知名度，关系着我国文旅学科的教学质量。科研成果的积累，对于旅游管理类专业教材内容的更新和提高同样大有裨益。

科研水平提高，科研成果不断积累，就会使全国高校通用旅游管理类专业教材的编写工作水到渠成。一方面，政府可以出面组织旅游管理类专业的高水平专家学者共同参与，集中文旅产业行政主管部门的专家、文旅行业的学术精英、文旅企业的高层领导，共同成立有关旅游管理类专业核心课程打造的教材编委会，编撰出一套真正立足于我国文旅产业融合发展，符合人才培养需求的专业课教材内容。另一方面，政府还需要设立文旅发展科研基金，推出符合行业特征的文旅学科研究招投标体系。各大高校和企业可以共同联合，创办具有社会影响力的文旅研究学术期刊。一方面，吸引在校教师积极参与旅游管理类专业的科研活动，提高应用型本科院校的文旅研究水平。另一方面，国家级研究机构也需要坐镇，引领行业发展的科研导向。

时至今日，我国仍然没有形成一个全国性的文旅学术研究团体。缺少了这种学术团体的作用，就会使得文旅学术研究活动的开展受到巨大阻碍。目前我国的文旅学术研究活动在影响范围和影响领域方面，和国外仍然相差甚远。针对这种情况，可以建立起一个文旅学术研究的简化机构。以研究会的名义，组织行业代表和个人参加学科理论研究、建设活动。再以研究会和高校合作的形式，共同推动文旅学科的建设。

三、整合社会资源，共筑文旅教育品牌

我国文旅行业的发展速度飞快，但旅游管理类专业的教育体系从整体上来讲，无论是投入还是成果都非常有限。要解决教育投入相对不足的情况，在有限的教育资源下获取更大的成果，只有立足于提高教育资源的使用效率。文旅高等教育的发展，初期是借助了旅游产业已经形成的规模和增长势头，但在其后很长一段时间内出现了后劲不足和过度分散的趋势。主要原因在于，文旅产业从理念到实践的转变过程中，很多从业人员和投资者变得越来越冷静。行业发展所需要的人、财、物等条件，在经过资本的洗礼之后，按照不同的行业发展趋势呈现出了几个方向的分化。有些学校更加侧重于本土旅游资源再利用，有些学校则更加重视学生实践能力的培养。这种分化基础在于学校原本的教育水平和科研能力，但却始终没有找到一个高价值的突破点，没有真正打破传统旅游行业的限制，让文旅产业在人民群众心中形成清晰且鲜明的认知。而在教育教学范畴中，主要是没有形成一个足以影响行业发展的品牌。这种教育品牌的效应，需要来自学术力量雄厚的综合性大学经过长时间的沉淀，或者学院的相关旅游管理类专业完成一次深度转型。长期以来，国内民众对文旅行业的性质一直都有一种过于倾向性的认识，认为文旅活动并不能真正产生实物产品，

也有别于传统服务行业。甚至还有一部分家长认为文化和旅游活动是一种游乐活动，是一种单纯的买卖，根本不需要将其当成一门学科，也不需要什么理论支撑。还有一部分人认为文旅是一种虚拟的概念，只是将文化和旅游两个产业放在一起，方便管理而已。面对这种舆论，文旅产业作为一项离不开公众参与的商业活动，必须通过高等教育水平的提升，通过行业经济价值的拉升，转变人民群众的观念，通过高效的资源整合和升级，完成和国际的接轨，最终形成具有中国特色的文旅高等教育体系，打造属于我国的文旅教育品牌，为文化强国战略奠定坚实基础。

文旅部应当和教育部加深沟通，紧密合作，重视各大高校、文旅学院的管理。基于当前各高校的专业开展情况，重新制定新高校开办旅游管理类专业的资格与条件。一方面要借鉴国际先进的经验，避免其他高校曾经遇到过的错误和问题；另一方面要尽快完善符合我国行业需求的文旅学科专业设置，对于文旅类不同专业的核心课程、学生需要具备的相关能力提出更高要求。积极组建我国文旅高校的联合会，并以联合会的名义，对所属高校的旅游管理类专业开办情况和教育质量，进行多方面的评估。在文化和旅游产业没有融合之前，这种模式在小范围的旅游类高校当中开展过，也取得了喜人的成果。而在旅游管理类专业建立之后，更需要在此基础上不断完善高校联合会的作用，扩大旅游管理类专业教育的范围和影响力。如果在条件允许的情况下，可以向上申报，将有助于文旅产业融合发展，文旅类学科专业教育的相关内容纳入相关法律法规当中，并以文旅部和教育部的名义发布一系列意见和政策，最大限度地利用法律制度优化文旅教育工作体系，提升文旅教育质量，培养更多文旅行业人才。

四、科技引领开展教学系统的改革

智慧教育是文旅高等教育改革的重要内驱力。教育部颁布的《教育信息化2.0行动计划》，标志着我国已经开启了以信息化全面推动现代化教育，建设教育强国的新时代。课程体系是文旅融合背景下，专业教育改革发展的重要基础。而想要实现教育体制的改革，就需要在课程层面加强课程体系的建设，完善课程资源的利用，应对课程实时持续性优化。在课程体系的建设环节，除了要注重基础课程模块的打造之外，也需要利用旅游管理类专业的特征，结合现代化技术，系统地为课程体系增加技术元素。比如增加计算机的运用、增加数据分析等技巧。这不仅可以有效提高学生的科学素养，同时也可帮助学生养成利用现代化技术解决问题的有效思维。在专业课程体系当中，文化旅游和科技元素的结合，既是打造全新文旅项目的有效途径，也是促进人才培养科技化转型的重要节点。结合各大高校的实际改革成果，对于管理类专业的科技元素课程进行梳理，可以增加一部分现代化技术等应用。其主要目的在于培养学生的科技化思维，促进学生形成一专多能的综合属性。而在课程教学资源方面，高校可以和文旅企业进行合作，共同打造虚拟经营管理系统以及智能化仿真服务实训系统等。相关实训设施的建立可以完善高校旅游管理类专业线上线下教学结合的模式，丰富教学资源数据库，形成全新的教学形态。而在课程实施环节，高校也需要重视线上教学、虚拟教学，充分发挥线上课程、微课和互动教学等学习技术。随着时代的发展，越来越多的精品课都是基于线上平台为核心所组建的课程集群。这种集群化的思维有利于打造旅游管理类专业学生对于行业的系统认知，也可以帮助学生打破学习的时空条件限制。虽然根据以往的经验来看，大多数高校都缺少对现代化科技的正确认识，也缺少和文旅企业的有效长期合作机制。想要共同打造精品课程的产教结合，通常都是浅尝辄止。学校和企业对各自的利益未能达成共识，因此合作也从未真正深入。科技在一定程度上改变了文旅行业的发展，也必然会改变旅游管理类专业高等教育的开展。智慧文旅，绝对不只是行业出的一句口号。智慧教育，也重在重新梳理高效育人的全新理念。借助现代化科技开展一系列课程，不仅可以重新审视文化与融合型专业人才的培养目标和方式，也可以不断优化培养的内容和方法。对于旅游管理类专业的人才培养体系而言，科技素养和文化素养同等重要。掌握了科技能力就是掌握了文旅产业发展的核心竞争力①。

第六节　文旅融合背景下高校图书馆文旅建设

　　图书馆作为高校最重要的文化资源之一，既是知识传承与积累的宝贵途径，也是启发学生进行理论思考和实践探索的核心渠道。纵观国内外所有的高校可以发现，图书馆的重要性无可取代。即便是在现代化技术飞速发展的今

---

① 张骏，卢凤萍，顾至欣．科技革命视阈下文旅融合旅游职教人才培养模式改革研究［J］．职业技术，2022，21（5）：6．

天，各大高校内部的阅读氛围和阅读习惯，也是有别于社会层面的。而在文旅融合的大背景下，高校图书馆的作用和意义也得到了一次全新的升级和释放。2018 年由国家图书馆主办，海淀区旅游发展委员会支持的一系列有关文旅融合创新的活动，就是依托于北京市海淀区丰富的教育资源和文化资源，推出了一条极具特色的研学路线。该路线当中，包括了化石现场挖掘活动、机器人互动体验活动、中科院植物园活动、香山奇妙夜活动和国家图书馆阅读之旅活动。一系列的活动使研学路线成功升级为一个全新的研学产品，除此之外，国家图书馆的文化之旅主题培训，也将文旅活动和阅读进行了多种方式的融合。这种图书馆和文旅融合的实践探索也成了高校图书馆进行自我升级的有效契机，成功地为文旅融合服务提供了全新的经验和思路。

一、高校图书馆文旅项目开发相关内容

（一）建设特色文化信息平台

文化旅游管理专业和很多常规专业不同，几乎每一所高校的文旅类专业都涉及生源分布的问题。众所周知，高校图书馆可以根据每家高校不同的情况构建带有特色的文旅融合信息平台。其主要内容包括但不限于，向阅读者提供大量有关文化旅游的相关信息。以不同的信息专题和交流专区等方式，让阅读者参与到讨论当中。我国地大物博且历史悠久，因此高校图书馆可以根据各个地区的文化元素，对文旅类相关专业涉及的内容进行梳理和分类。比如全国各地的名胜古迹、衣食住行、工艺美术、地理特征、歌舞艺术、气候变化等。这些内容都有专门的文献资料和书籍，高校图书馆可以通过现代化的技术手段，将文字资料采集做成音频和视频，便于相关专业的学生进行浏览。还可以以不同标签的形式将相关知识内容进行打包，帮助学生进行专项化的学习。同时贯穿图书馆的各种资料和素材，也可以形成特色文化旅游融合项目的信息资源。即便是在课堂教学环节，相关学习内容也可以根据师生提供的想法和旅游攻略进行筛选。

高校师生往往来自五湖四海，每一个人对于旅游管理类专业的认识天差地别，但无法改变的则是每个人对各自家乡的热爱，因此高校图书馆可以通过活动交流的方式，鼓励大家借助相关平台来分享自己家乡的特色文化和特色旅游项目。交流群可以设置成图片、视频和图文等不同形式，这样既能让阅读者充分展示自身的家乡文化，也可以启发其他阅读者设计出带有特色的文化旅游路线和文化旅游项目。高校图书馆应当以本校教学特色来梳理这些产品和项目，以信息平台为基础，联合其他高校图书馆，共同建设文旅信息融合平台。通过扩充文旅信息资源的方式，实现各高校之间的文旅信息交流。

（二）设计特色文化旅游路线

设计具有特色的文化旅游路线，是高校图书馆建设特色信息融合平台的关键，也是高校图书馆探索文旅产业融合的一种有效路径。结合以往的工作经验，想要发挥出高校自身的教学优势，设计出带有特色的文化旅游路线，可以从以下几个维度进行尝试。首先，各大高校应当注重自身图书馆的现有馆藏资源，加大对现有资源的开发力度和外部资源的持续性收集。结合高校所在地区的历史文化元素，设计出带有特色文化内容的旅游路线。这种思路的目的在于加强地方文化属性，高校需要不断搜集和挖掘地方文献资源，重视地区历史文化资源的梳理，尤其是借助历史名人 IP 和名胜古迹的影响力。这种方式不仅可以强化阅读者的地域认同感，同时也有助于完成图书馆馆藏资源的社会性服务转化。公立高校本身属于公共资源的一种，而公共资源的使用，则需要有公众参与。高校图书馆的社会性服务功能，就是公众参与的一种表现。其次，应注重实践，只有走出校园融入社会，才能感受到文旅行业真正的发展态势，才能了解人民群众对于文化和旅游的实际需求。因此，高校图书馆需要为教师和学生这个最重要的读者群体，建立正确的文旅服务观念。要让教师和学生能够将旅游和文化历史、现代科技创新等多项命题进行深度结合。只有这样，高校才能不断推出带有研学和游学属性的全新文化项目和文化路线。另外，文旅项目的设计，除了和文化相关之外，更重要的是完成旅游路线。只有让游客走进来，走出去，才能实现文化交流。目前绝大多数的文旅项目、设计思路都是要让人走出去。但是高校本身就有着极其浓厚且独特的校园文化，因此可以进行反向思维，组织更多的游客和文旅爱好者走进来感受学校的建筑和历史，体验学校的学风和校训，甚至听一听名师名人的公开课。这种体验方式既在文化旅游项目中，又能成为高校对外宣传的一种特色方式。对于旅游管理类专业的教师和学生而言，想要快速了解文旅产业最好的方式就是通过实践来加深印象。而组织以学校为核心的文旅路线，则是成本最低、性价比最高的一种思路。除了线下实体旅行之外，教师也可以带领学生利用 AR、VR 技术，营造线上虚拟的校园文化旅游体验，让更多想要感受高校文化的人民群众，可以通过不同的方式和渠道进行互动。

（三）营销特色文化服务品牌

高校图书馆的文旅项目打造，除了要注重内容和品质之外，更需要注重品牌影响力的营销。在市场化理念发展极为成熟的今天，任何一个行业想要做大做强都离不开品牌形式和品牌效应。从最基础的提高自身知名度，到打造品牌形象，再到产生消费黏性，每一个环节都离不开品牌营销。而高校图书馆管理服务想要实现品牌化，被更多的人所熟知，就要从以下几个方面入手。第一，通过高校的教育资源，展开对文旅项目的分析，明确阅读者或消费者的需求点。要实现这一目标，高校图书馆应该对消费者的文旅需求进行问卷调查，在收集足够多的数据之后进行细致分析。研究数据背后的现象，了解消费者对于文旅项目的侧重点。并根据相关侧重点，规划全新文旅项目的创新点和重点。只有满足了消费者切实的内心需求，高校图书馆所开展的文旅服务项目才能做到提高消费者满意度，促进服务项目的完善和成长。第二，当全新的文旅项目和文旅路线成熟之后，就涉及如何向其他消费者推荐相关项目内容。高校图书馆可以开展文化旅游服务项目介绍会，并邀请有意向的消费者参与。通过介绍会的形式，向感兴趣的消费者进行介绍和讲解，并让目标客户对全新的文旅路线形成初步认知。在相对开放一些的环境和氛围下，也可以组织消费者对初步完善的项目内容提意见。找到有价值的意见，并对内容进行升级和完善。第三，收集消费者的意见，完善文旅路线。这样做的意义，类似于进行一次市场调研。市场调研的结果则是为了使文旅项目能够尽快成熟，并在一定范围内形成公众认知，获取一定影响力。为此，高校图书馆还需要借助高校的宣传推广渠道开展项目宣传，比如利用各种官方媒体和社交平台，同步推送线上线下等渠道。第四，想要取得良好的营销效果，就离不开专业人才的助力。一方面可以从图书馆工作人员当中，招募有宣传经验的人员；另一方面也可以在校内吸收有参与热情的学生和教师群体。在相关教师的带领下，学生可以分工合作，利用不同的渠道进行宣传，同时完善项目内容。组成的项目营销团队分工合作，使新项目获得更大的消费者群体关注。

（四）融入特色文化理念元素

文化元素不仅是高校图书馆打造文旅服务项目的关键，同时也是优化高校旅游管理类专业属性的核心。文化元素在高校图书馆文旅服务项目的融合和挖掘过程中，可以借鉴以往经验，采取以下措施。首先，高校旅游管理类专业的教师需要了解各自高校图书馆已经掌握的各种书籍和文献资料。对相关资料进行深度整理之后，还需要教师通过一系列的加工，完成对现有资源的开发。尤其是在民俗项目的挖掘、地理文化的梳理、气候文化的结合和景观文化的差异等方面，更需要分门别类地与文化旅游线路设计进行深度结合，这样才能在文旅项目打造的基础上，为消费者提供更加个性化的服务内容，并且充分体现当地的文化特色与内涵。其次，衣、食、住、行是文化旅游永恒不变的话题，购物、娱乐则是文旅项目最重要的经济产出。因此，在规划设计全新的文化旅游线路时，应当注重上述元素的结合。要增强图书馆资源和文旅资源结合的有效性，让学生和其他阅读指导得以深入、清晰地了解当地文化内容。另外，以馆内读者为中心，将读者进行分类，通过不同群体的阅读特点和阅读需求形成不同层级的旅游产品。这种产品的开发方式核心逻辑，在于大数据技术和云计算技术的结合，是以图书馆获取的相关资料为基础，进行数据分析之后所形成的。比如在一段时间内，阅读同一景点资料的阅读者人数上升，就说明在未来一段时间内，该景点的旅游人数可能增加。因此，可以根据相关数据和结果，重新梳理现成的旅游产品和旅游路线。这种旅游产品的开发思维、旅游线路的设计规律，就是以现代化科技和文旅产业的结合为基础。另外，为了更好地开发具有图书馆特色且符合阅读者需求的文旅线路，还可以以阅读者的个人爱好为参考，比如同样喜欢一本书的读者、同样喜欢一部电影的读者、共同参加了某一项活动的读者。这些阅读者普遍都拥有相同的兴趣爱好，高校图书馆就可以通过相关内容，设计特色鲜明的文旅线路。将不同的文化元素进行串联，也可以筛选出更加精准的用户。最后，高校图书馆最为核心的图书资源，同样可以和文旅产品进行结合。诗和远方，是当前时代背景下，很多小资人员以及白领非常向往的一种生活理念。也正是此类人群，对于文化和旅游项目的需求占比更高。因此可以推断，将图书馆的图书资源和文旅项目进行结合，将会获得广泛受众。比如组织阅读者，以文旅项目为卖点，融入各种音乐会、观影会、书画鉴赏和摄影展览等内容。这些内容不仅可以吸引到很多热爱文旅的消费者，同时也可以引导部分阅读者加入文旅服务项目当中。

二、高校图书馆文旅服务项目实施策略

（一）重视文旅服务项目理论研究

高校图书馆文旅融合研究具有多方面的现实意义。首先就是可以进行更深层次的理论研究，其次则是可以帮助高校图书馆进行服务的转型升级，最后也能够帮助和谐社会的建设和发展。可以说，理论研究是对高校图书馆文旅融合领域知识进行深度讨论的重要前提。其不仅可以借助图书馆的作用，帮助文旅产业形成一套相对正式且完整的知识结构，同时对高校图书馆而言，文旅融合领域的研究也可以丰富图书馆的藏书内容。高校图书馆文旅融合研究，一方面要从图书馆的实际情况出发，要重视行业发展的实际案例，绝对不能无中生有；另一方面则要重视旅游学、文化学和其他学科之间的交叉融合。尤其是社会学、管理学、经济学、地理学、历史学等学科，作为文旅产业融合非常重要的参与学科，更是最为关键的精准研究方向。在厘清了各个学科之间的关系和作用之后，图书馆的理论研究工作，就可以依照相关秩序展开横向和纵向的发展。

（二）智慧订单服务和嵌入式教学

在现代化技术的支持下，高校图书馆已经全面开启了智慧化进程。利用计算机技术和大数据技术，高校图书馆可以对馆藏的文字资料进行一系列加工。这种加工并不是简单地完成文字录入，而是可以通过相关技术将馆藏内容进行创新。简单来讲，智慧化订单服务就是借助网络平台的功能，将高校图书馆的馆藏资料、文献资料、自建数据库、采购资源、多媒体资源、教学资源等进行整合，让学生可以更加方便地查阅相关资料，并根据使用者的实际需求来提供智慧订单服务。

基于上述内容，高校图书馆可以将旅游管理类专业涉及的一系列服务项目嵌入课堂教学当中。比如在信息素养课程当中，图书馆可以将文化旅游管理专业涉及的一系列课程内容按照衣、食、住、行、游、购、研、学、娱乐等多个维度进行拆分，分别提供相关内容的信息收集、信息分析等内容，帮助学生更加合理地制定旅游路线和娱乐项目，并通过设计作业等方式来帮助学生提高职业素养。同时，高校图书馆的嵌入式教学还可以将学生设计的相关作业内容进

行信息录入，再通过智慧化分析系统，帮助教师分析学生的文旅服务项目设计是否存在各种问题。但是对于一部分缺少图书馆智慧化能力的学校而言，也可以通过联网功能来实现学科服务嵌入。依托文旅行业的实际项目内容，来完善自身的课程设计和课程辅导，最终实现教学成果的转化，提高任课教师的课程品质。

（三）提高跨界合作和读者参与度

高校图书馆在开展文化旅游服务的过程中，除了要对内进行资源探索之外，还需要不断提高跨界合作能力。这种跨界合作能力，不只是基于各学科之间的跨界合作，更需要构建以图书馆为基础的全新教学服务模式。这种服务模式的打造可以和各地各级的博物馆、文化馆、档案馆、科技馆、文旅协会、设计公司、出版社等一系列社会资源进行对接。其目的就在于和各行各业开展深度交流，以学校为基础，和社会企业进行合作。对于政府相关职能部门而言，学校的优势在于其理论创新能力和项目设计能力。对于行业协会而言，学校是重要的人才输出渠道。对于企业而言，学校则是重要的项目合作伙伴。也就是说，和社会各界进行交流合作，本身就是更好地满足彼此之间的资源需求，同时也是在完善高校图书馆的社会服务功能，真正实现以高校为核心打造文旅产业的公共参与机制。而提升读者的参与度和满意度，历来都是高校图书馆最难攻破的一点。其原因在于，很多高校的图书馆难以为读者提供满意的服务。想要切实有效地提高读者在高校图书馆文旅服务项目中的参与度，一方面要重视图书馆自身功能的开放，让读者能够在阅读的过程中有所收获，通过图书馆的渠道，获取更多有价值的文化知识和旅游信息。另一方面，高校图书馆也需要利用物理激励或者精神激励等方式，真正让在校师生参与到文旅项目的规划、建设、实施、改革当中。除此之外，各大高校的图书馆在条件允许的前提下，可以组织参与者展开一系列的文化旅游活动，将学习和认知进行深度融合，将认知和实践进行紧密关联，通过阅读加体验的模式推广，来真正感受文旅融合的价值。

要实现上述内容，现代化技术的应用也不可或缺。AR、VR 技术是当前应用较为成熟的虚拟技术之一。随着相关技术的发展和应用，在教育系统之内的多个环节也取得了可喜的成就。AR、VR 技术在高校图书馆当中，同样受到了广泛关注，不仅在智慧阅读和智慧图书馆项目当中得到了应用[1]，同时各大高

---

① 陈嘉慧. 文旅融合背景下高校图书馆文旅服务探究［J］. 中国现代教育装备，2022（21）：4.

校的学子们也利用自身丰富的创意思维，创造了诸多新玩法。将 AR、VR 技术应用于旅游管理类专业的高等教育当中，不仅可以让学生身临其境地感受文旅项目，同时也可以丰富学生的理论知识和实践应用能力。这种模式的核心价值在于帮助学生营造更加真实的阅读氛围，丰富学生的阅读体验。

本书通过对我国当前文旅产业融合发展背景下，应用型本科院校高等教育现状的分析，梳理出了一系列相关问题和解决方案。结合笔者自身的工作经验，综合国外部分文旅产业较为发达国家的相关经验，提出以下思路和建议。

第一，由我国教育部和文旅部共同牵头，尽快建立起一个文化旅游管理专业的规范化结构①。该结构的规范化目的是符合时代发展、满足我国当前的文旅市场需求。简单来讲，该专业的结构应该由三级共同组成。包括一级学科、二级专业和研究方向三个层面。旅游院校或其他院校的旅游管理类专业，可以设置细而不设置固定的专业框架。对于一部分学生可以采用分段分层的培养办法，目的是夯实学生的理论知识基础，并使其掌握丰富的专业实用技能。想要改变旅游管理类专业高等教育学科无法做到独立，甚至从属于其他学科的弱势地位，就需要从教学内容方面进行有机填充，要在旅游学的基础上丰富文化学、人类学、语言学、市场学、经济学、历史学、地理学等多项内容。并且可以效仿国外高校的课程内容设置，增加更多课时和实践活动。这样才能够让旅游管理类专业成为文旅行业的执牛耳者，真正使旅游管理类专业，在文化领域和旅游领域成为主导学科。同时，高校在设置旅游管理类专业时，还需要重视其综合性学科的特性。要看到旅游管理类专业有别于其他学科的特殊性和独立性，并且给予文化旅游管理学科一个合理的定位，这样才能真正避免出现高校教育过度滞后的尴尬境地。

第二，教育部和文旅部需要同时出面，针对文旅相关专业的教学大纲和教材内容进行重新修订。除了要持续更新教学内容之外，还需要加强核心课程体系的建设。一方面要扩充人文社科类教材，改变目前课程设置过于混乱的局面；另一方面则需要两个部门对文旅高等教育进行有效引导，要加强各部门以及高校之间的合作，使文旅高等教育在具备常规教育规律的基础上，能够保持该专业自身的独立性。同时还需要建立起和其他学科之间的有效交流渠道，其目的在于让学生掌握文理学的基础知识，同时还可以掌握其他学科的基础理

---

① 潘素玲. 中国旅游高等教育发展的问题及对策研究［J］. 重庆大学学报（社会科学版），2009，15（5）：6.

论。这样才能使文旅行业的人才具备更强的可塑性，具备更高的适应性。既要体现旅游管理类专业自身的特色，又不能过分依赖专业体系的发展，高校需要站在宏观的角度，提前为学生毕业后的就业路线进行扩充。

第三，旅游管理类专业的教师团队打造和师资力量培养环节，各大高校应该着重依靠校内外和国内外进修的机制，不断鼓励教师到不同的部门以及岗位当中去体验。要让教师围绕文旅产业融合，围绕文旅教育体系发展进行科学研究。要培养高学位在职教师，培养有工作经验的在职教师。增强旅游管理类专业教师的专业认知和执教水平，要不断充实教师队伍，让旅游管理类专业的教师涌现出学科带头人，形成全新的学术梯队。在旅游管理类专业的科研方面，高校需要从资金和观念两个维度引导教师进行理论研究和学术研究。要避免当前文旅行业在发展过程中，过度集中于经济视角和管理视角的问题，要重新平衡应用研究和理论研究两者之间的关系，并且形成一套完善的科学基础理论。改变文旅相关学科科研力量差异过大和分布不均等情况，着重加强专业内部各个学科分支之间的深度交流和融合。

在上述内容的研究和实践过程中，同样会遇到一系列问题。

首先，对旅游管理类专业学科结构规范化的建立，必然会遇到一系列缺乏文旅学科基础和师资力量的情况。尤其是一些高校，本身在旅游专业的力量就较为薄弱，而升级成为旅游管理类专业之后，更是缺少其他学科的交叉研究基础。一部分高校在面对飞速发展的文旅产业时，可能会过于盲目地为了追求短期办学利益而进行专业设置。这种做法从根本上来讲是不可取的，没有专业职称，就会对专业形成过于朦胧模糊的理解。因此，教育部门和文旅部门应当对专业设置规划全新的标准，将全国的旅游高等教育融入一个体系当中，通过统一的规划来避免此类情况。利用合理的规章制度，使学科建立更加规范化。

其次，虽然教师的校内外进修方式，在提高教师职教水平方面的成效较慢，但是也比在国外大学聘请外籍专家要更加稳妥。因为每个国家的实际国情和文旅行业的发展进程不同，只有了解我国国内实际情况的教师，才能在教育教学工作中更好地摸清市场需求。从制度上，校内教师的进修更加容易被高校所接受，对于专业体系的改革，只会形成较小的阻力。除此之外，一部分高校还会选择外聘一部分文旅企业的高层管理人员来完善教师队伍。这种模式虽然可以快速强化旅游管理类专业的教学内容和实践课程质量，但是却无法避免校外人员管理困难的问题，因为他们本身就具有很强的流动性，很难长期坚守在教师岗位上。这种流动性，可能会为旅游管理类专业的教育体制改革带来不确定的影响因素。尤其是在很多旅游管理类专业教育经费普遍缺乏的大前提下，如果不能满足外聘教师的经济需求，那么也很难真正对教育教学改革形成有效提升。另外需要注意的是，对于一部分教师在校外进行兼职的做法，高校需要深入分析。这种做法在一定程度上可以提高教师的实际工作经验，对于教育体系的改革也有一定助力。但不可否认，这种一心二用的方式也会影响教师的精力和时间。因此，是否鼓励旅游管理类专业教师加深和文旅行业、文旅企业之间的关系，需要各高校旅游管理类专业领导根据自身的实际情况进行分析。增加文旅实践可能会遇到很多传统观念上的阻力，高校可以通过制定一系列行之有效的管理方法来进行应对，既要避免教师盲目追求坚持岗位的经济利益，也要通过校内的制度和约束，让教师重视教育的根本任务。

应用型本科院校旅游管理类专业的高等教育未来发展方向，一方面取决于行业体系的成长和发展，另一方面则取决于高校自身教学观念和教学能力的转变。只有深入挖掘旅游管理类专业的专业特性，重视旅游管理类专业和现代化科技的深度结合，优化教师个人能力和教学素养，才能从根本上解决很多问题。国内的文旅高等教育需要适应文旅产业融合发展的基本盘，需要迎合文旅国际化的大趋势。要重视我国本土的高等教育发展规律，同时还要做好对外联合，充分调动社会层面的各种资源。对于学校而言，面对文旅产业的快速发展，面对旅游管理类专业的教育改革，应当树立起市场化的质量意识，注重培养知名的教育品牌。积极迎合文旅产业的市场化发展，培养更多具备创新能力和综合素养的优秀文旅人才。规划全新的课程设置，优化教材和教学内容，积极完成学生向职场人员的角色转变，集中精力探索出一条符合我国国情的旅游管理类专业改革之路。

参 考 文 献

[1] 张丽娟, 廖珍杰. 文旅融合背景下应用型本科创新创业人才培养模式研究 [J]. 农场经济管理, 2022 (7): 4.

[2] 贾慧. 基于文旅产业融合的高职旅游专业实践教学改革研究 [J]. 课程教育研究, 2019 (23): 7-8.

[3] 李树信, 张海芹, 郭仕利. 文旅融合产业链构建与培育路径研究 [J]. 社科纵横, 2020, 35 (7): 4.

[4] 史玉丁, 卓丽娜. 智慧学习工场: 文旅融合背景下职业教育校企合作平台化探索 [J]. 职业教育, 2020, 19 (24): 8.

[5] 赵罡. 打造工艺美术人才高地, 促进文旅融合——对苏州光福工艺美术产业可持续发展的思考 [J]. 美术教育研究, 2016 (1): 2.

[6] 乔敏. 简析文旅融合背景下的非遗保护与传承 [J]. 花溪 (文艺教育), 2020, 000 (20): 1.

[7] 亓鹏. 旅游文化创意产业园区发展的协同机制研究 [D]. 昆明: 云南财经大学, 2014.

[8] 李响. 红色文化和旅游产业: 文旅融合的困境与路径 [J]. 学术交流, 2021, 000 (7): 119-129.

[9] 王涛. 文旅融合视角下宋庆龄故居旅游资源开发策略 [C]. 中国博物馆协会博物馆学专业委员会 2019 年 "新时代博物馆专业能力建设" 学术研讨会, 2019-09-18.

[10] 于帆. 文旅融合背景下图书馆角色定位研究 [D]. 镇江: 江苏大学, 2022.

[11] 王雪颖. 数字文旅背景下高水平导游专业群建设经验寻绎——访浙江旅游职业学院校长杜兰晓 [J]. 职业教育, 2022, 21 (1): 3-10.

[12] 尚敏. 文旅融合视域下地方文化融入高职旅游专业教学的路径分析 [J]. 当代旅游, 2022, 20 (8): 84-86.

[13] 张树诚.政府+公司：强力锻造文旅融合市场主体——浅谈文化和旅游融合背景下市场主体培育的山西模式对我国旅游理论建构与学科建设的新贡献 [C].2019 中国旅游科学年会,2019-04-21.

[14] 史卫东,李秋实,乔羽.泰安市文化旅游产业融合发展对策研究 [J].泰山学院学报,2022,44 (5)：6.

[15] 夏瑾仟,杨璐.邵阳市文旅产业融合发展现状与对策研究 [J].中阿科技论坛（中英文）,2022 (5)：4.

[16] 张捧,李珂馨.文旅产业与影视美育的融合关系探究 [J].商情,2022 (5)：155-157.

[17] 郭蓓.文旅融合发展背景下新疆冰雪旅游产业策略研究 [J].新疆社科论坛,2021 (5)：65-71.

[18] 吕宇晶.乡村振兴背景下文旅融合助推产业振兴策略 [J].乡镇企业导报,2022 (6)：3.

[19] 吴翔."提质培优"背景下职业院校文旅融合专业群教师教学创新团队建设 [J].开封文化艺术职业学院学报,2022,42 (3)：4.

[20] 王晓川.文旅融合背景下南宁市旅游产业发展路径探索 [J].2021 (2020-05)：98-103.

[21] 欧阳添,黄章凤."'第一师范'+党建+文旅"产业深度融合新模式可行性探讨 [J].活力,2022 (21)：3.

[22] 万学新.文旅融合背景下用户对大连海洋旅游产业的认知度研究 [J].经济研究导刊,2020 (22)：2.

[23] 石凤玲.传统文化在现代文旅产业规划中的融合创新——以庄子文化产业园为例 [J].人文天下,2019 (9)：5.

[24] 白静.深化产教融合构建教育+文旅产业生态重庆电大与昌辉股份战略合作签署共建产教融合型企业协议 [J].中国科技产业,2019 (7)：72-73.

[25] 杨朝辉,等.文旅融合视域下江苏老字号与旅游产业融合路径分析 [J].湖南包装,2022,37 (2)：78-80.

[26] 郭盛晖.标准引领,文旅融合,数字赋能：适应大湾区产业升级的旅游人才培养创新与实践 [J].中国职业技术教育,2022 (10)：2.

[27] 张维亚,汤澍,高泽扬.基于产业学院视角的文旅融合型人才培养模式与路径 [J].南京开放大学学报,2022 (3)：5.

[28] 王媛，李军辉．文旅融合背景下广西职业院校复合型旅游人才培养驱动机制研究 [J]．柳州职业技术学院学报，2022，22 (5)：7.

[29] 左芬，郭璇瑄．文旅融合背景下高职旅游人才培养与旅游产业融合发展研究 [J]．长春师范大学学报，2022，41 (1)：162 - 167.

[30] 龙丹．文旅融合背景下河南省本科高校旅游管理人才职业素质培养创新研究 [J]．幸福生活指南，2019 (39)：46 - 47.

[31] 李品．文旅融合背景下职业院校红色文化协同育人模式的探索路径研究 [J]．互动软件，2021 (9)：333 - 334.

[32] 伍益中．文旅融合下艺术职业教育产教融合人才培养改革策略 [J]．艺海，2021 (2)：92 - 94.

[33] 魏占慧．文旅融合视域下旅游职业教育和传统文化的融合策略 [J]．2020，18 (35)：115 - 116.

[34] 李姗，施云燕，王围梅．文旅融合视域下的旅游职业教育研究 [J]．旅游与摄影，2022 (14)：3.

[35] 牛泽潞，李喜群．文旅融合背景下的农业产业园规划设计探索与研究——以九点塘生态园为例 [J]．河北画报，2020 (8)：112 - 113.

[36] 张猛．职业教育中渗透文旅融合理念的实践探究 [J]．科教导刊，2022 (19)：3.

[37] 李雪蓉，李佳煊．文旅融合背景下艺术职业教育助推湖南文化强省建设策略 [J]．艺海，2021 (11)：20 - 24.

[38] 全超智，徐艳，曾丽华，等．文旅融合视域下旅游职业教育和传统文化的融合策略 [J]．新一代（理论版），2021 (24)：39 - 41.

[39] 白丽．文旅融合背景下中华优秀传统文化在职业教育中的传承探究——以常州旅游商贸高等职业技术学校为例 [J]．现代职业教育，2020 (35)：198 - 199.

本书的出版得到广西"四新"研究与实践项目（桂教高教 XWK2022031、XWK2023029、XNK2023018）、广西省部级教改项目（桂教高教 2020JGZ158、2021JGZ167、2021JGZ168、GXGZJG2021A037、GXGZJG2022A043）、广西中青年科研项目（桂教科研 2020KY22021）、桂林旅游学院教学成果培育项目（2021PY03、2021PY06）等联合资助。